LE
RAILLEVR,
OV LA SATYRE
DV TEMPS.
COMEDIE.

QVI NAIST

HEVREVX

AINSI

A PARIS,

Chez TOVSSAINCT QVINET, au Palais
dans la petite salle, sous la montée de
laCour des Aydes.

M. DC. XXXVIII.

AVEC PRIVILEGE DV ROI.

A MONSEIGNEVR LEMINENTISSIME CARDINAL DVC DE RICHELIEV.

MONSEIGNEVR,

Ce n'est pas pour me fortifier de vôtre iugement, qui s'est declaré en faueur de cette Piece à sa premiere veuë, ni pour preuenir celuy de toute la France qui doit suiure legitime-

A ij

ment le vôtre, que ie publie qu'elle n'a
point déplû à VOTRE EMINEN-
CE. I'ajoûte que c'eſt bien encore moins
pour m'en glorifier ; puis que les faueurs
que vous faites ſont des graces purement
diuines, que voſtre bonté donne ſans
qu'on les merite, & qu'on ne peut meriter
qu'en s'en confeſſant indigne. C'eſt donc
vn acte de reconnaiſſance, & non pas vn
effect de vanité ; & ſi LE RAILLEVR
s'offre pour la ſeconde fois à V. E. c'eſt
pour vous rendre graces ſeulement de
l'honneur qu'il a receu de voſtre approba-
tion, & non pas pour s'en preualoir. En
cecy, MONSEIGNEVR, mes ſenti-
ments ſont iuſtes & peut-eſtre genereux,
quand ie dy que la gloire la plus grande
qu'vn Eſprit ſe puiſſe propoſer pour le
fruict de ſes veilles, eſt l'honneur de vous
plaire ; que ce prix doit contenter la plus
haute ambition, & qu'on receoit infini-

ment de vous, lors que l'on vous a donné
quelque chose qui vous peut estre agreable. Vos plaisirs font nostre plus belle re
compense, puis qu'ils nous laissent vne
marque de vertu, & que tout ce qui est
assez parfaict pour seruir à vos diuertis-
semens, sert aussi de beaucoup à nostre
reputation. En effect MONSEI-
GNEVR, qui peut conter entre ses biens
l'honneur de vostre estime n'en doit point
souhaiter d'autres, quoy que vos liberali-
tez preuiennét les desirs, & surpassent les
esperances de tous ceux qui les meritent.
Pour moy, qui n'aspire point à ceux-cy,
que ie n'ay iamais meritez, & qui regarde mon deuoir & vos vertus plustost que
vos grandeurs & ma fortune, ie m'attache aux premiers dont ie me treuue encore plus indigne; & ie ne considere la faueur que vous auez faite au RAIL-
LEVR de l'estimer, que comme vn bien

qui vient de pure grace, que vous luy
auez bien donné, mais qu'il n'a point acquis. Aprés cela, de vous payer à l'ordinaire de loüanges qui le plus fouuent of-
fencent voftre modeftie ou vos oreilles, &
qui font toûjours au deffous de vos Vertus; & de fe montrer temeraire de peur
de paraître ingrat, ce feroit vn effort qui
me feroit rougir de ma foibleffe, & vous
de ma prefomption. L'humilité auprés
de vos pareils, eft vne loüange muette qui
s'exprime & qui s'entend par le refpect,
qui fans parole parle mieux que la plus
flateufe eloquence, & qui dans le filen-
ce & parmy la confufion témoigne vne
reconnaiffance difcrete & fans fard. I'ay
cerché quelquefois, pour vous loüer, des
termes affez relenez: mais il faut confef-
fer que ie vous voyois toûjours plus haut
& plus glorieux, dans vos propres effects
que dans mes Vers. Ie vous ay dépeint

ſouuent dedans mes Ouurages ſous le
nom d'vn autre, pour m'ôter cette crainte
que i'auois de prophaner des choſes ſi ſa-
crées côme ſont vos qualitez, & vos loüanges, & pour m'eſſayer dans ce jeu d'eſprit
à me familiariſer auecque vos Vertus.
I'aurois fort peu de grace à rapporter icy
ce que i'ay condamné: & toutefois il faut
que i'implore pardon pour quatre vers
qui me vont echapper, & que i'ay inſe-
rez dans vne Piece de Theatre, où ie
tàchois de décrire vn puiſſant Miniſtre,
& vn homme auſſi grand & auſſi par-
faiêt que vous l'eſtes. Iugez s'il vous
plait ſi l'on peut parler de vous en d'autres termes.

Il eſt dans le Conſeil ce qu'il eſt dans la
   guerre,
Et par tout Compagnon des Maîtres de la
   Terre,

Des Monarques voisins c'est l'amour, ou
  l'effroy,
Enfin l'on treuue en luy ce qu'on cerche
en vn Roy.

Tout cela, MONSEIGNEVR,
ne m'a point satisfait, par tout ie demeure infiniment au dessous de ce que ie con
ceoy de vous, le trop de sujét cause ma
sterilité : & lors que i'ay bien trauaillé &
fait beaucoup de vers à vostre honneur,
souuent ie n'en laisse pas vn, & il ne
reste sur mon papier que ces mots en
prose. Ie suis,

MONSEIGNEVR,

De vôtre Eminence

Le tres humble & tres-obeissant
seruiteur A. MARESCHAL.

AV LECTEVR.

'EST presque sans suiét que ie te veux éclaircir le Suiét de cette Piece ; puis qu'il est assez facile & assez nét pour se faire entendre de soy mesme dans sa suitte, & que i'ay iugé qu'vn Argument ne luy seroit qu'inutile. Ce que i'ay à te dire, est que ie te donne en François vne agreable Comedie à l'Italienne, & le tout pourtant de ma seule inuention ; qui te doit plaire dauantage quand tu considereras que ie n'ay rien emprunté d'étranger, & que Paris m'a fourny toutes mes Idées. Pour faire la Satyre, & railler auec quelque grace, i'ay pris pour obiets cinq ou six conditions assez Comiques pour te faire rire, & trop communes en ce temps pour n'estre pas connuës. I'ay pensé qu'vne Courtizanne plus adroite que vilaine, & vn Filou son protecteur, valloient mieux qu'vn Parasite & qu'vne effrontée dedans Plaute, & chez les Italiens : i'ay crû qu'vn Financier, aussi vain que riche & prodigue, ne tiendroit pas mal sa partie en la Satyre, que la Muguette & la Niaise donneroient beaucoup d'éclat à la Gaillarde, & dans leurs accords ou dans leurs disputes i'ay dépeint les fantasies & les esprits de nos Dames. Au reste pour ne desobliger personne en particulier, quoy que ie touche en general , i'ay décrit mille humeurs & mille vices Poëtiques fous le nom d'vn poëte feul ; & pour n'irriter aucun de nos Fanfarons, qui fe fuffent imaginez qu'on euft dû lire leur nom deffous le Tableau du Capitan, ie l'ay fait Efpagnol originaire, combien que fa vanité foit Françoife autant que fon langage. Ie ferois auffi vain que luy, fi ie voulois te loüer cette Comedie, & c'eft moins pour l'eftimer que pour la iuftifier, que ie dy qu'elle eft dans toutes les regles. Le fujét eft petit , auffi la Comedie n'en demande pas vn grand ; & ceux qui l'ont veu reprefenter au Louure, à l'Hôtel de Richelieu , & aux Maraiz, n'ignorent point comment il a efté receu , & la raifon qui a fait ceffer fa reprefentation. Ie fuis bien plus en peine de fçauoir comme tu la dois receuoir, puis qu'il eft vray qu'aux pieces purement Comiques comme eft celle. cy, le papier ôte beaucoup de leur grace, & que l'action en eft l'ame. Ces vers couppez, & tous ces petits mots interrompus qui font du ieu Comique, & qui pour eftre familiers entrent fi facilement dans l'imagination , lors qu'ils font pouffez chaudement ; languiffent lors qu'ils font écrits. Toutefois on me furprend rarement en ce deffaut, & mon Hylas a montré que mes vers en leur naiueté font plus éleuez que rampans. Ie t'en laiffe le iugement en cette Piece, & s'il m'eft fauorable comme ie l'efpere, tu m'obligeras à te faire voir de fuitte le Chef-d'œuure de mes Comedies, fous le nom du Capitan ou du Fanfaron, que i'ay tiré de Plaute & accommodé à nôtre Theatre auffi bien qu'à nôtre Hiftoire & à nôtre temps. Le premier que i'ay inseré dedans cette Satyre n'est qu'vn essay & qu'vne ébauche pour l'autre que ie te promets, & ie diray pourtant en sa faueur que c'est le premier Capitan en vers qui a patu dans la Scène Françoise, qu'il n'a point eu d'exemple & de modele deuant luy, & qu'il a precedé (au moins du téps) deux autres qui l'ont surpassé en tout le reste, & qui sont sortis de deux plumes si fameuses & Comiques, dans l'Illusion & dans les Visionnaires. Ce n'est pas pour venir en concurrence auecque ces puissants Genies que ie te promets ce dernier Capitan, mais seulement pour reparer les fautes que tu pouras reconnaître en cettuy-cy, & te porter à me les pardonner/ Excuse les, afin de me donner enuie de t'en montrer vn méilleur, qui autrement ne paraîtra qu'afin de me vanger de ta rigueur ou de ta médisance.

LES ACTEVRS.

CLARIMAND , Le Railleur.

CLORINDE , Sa Sœur, Maiftreffe d'Amedor.

AMEDOR , Financier , Amant de Clorinde.

CLYTIE, Sa Sœur, Amante de trois.

TAILLEBRAS, Capitan, Amant de Clytie.

BEAVROCHER, Volontaire.

LA DVPRE', Courtizanne, fa Maiftreffe.

DE LYZANTE , Poëte , Amant de Clytie.

La Scene eft à Paris.

LE RAILLEVR,
COMEDIE.
ACTE I.

SCENE PREMIERE.
CLARIMAND, CLORINDE

CLARIMAND.

Lorinde, ie l'ay dit, & ie vous le
    commande;
C'est vous prescrire vn poinct que
    vôtre esprit demande;
Caressez Amedor, pensez à m'obeïr.

CLORINDE.

M'ordonnant de l'aymer, on me le fait hair.

A

CLAR. MAND.

Ma sœur, est-ce auec moy qu'il faut faire la fine?
Ie sçay iuger du cœur en dépit de la mine;
I'oserois bien iurer, lisant dans ton esprit,
Quand ta bouche s'en plaint que ton ame en sourit:
Appelle moy cruel, blâme mon insolence;
C'est te faire vne aymable & douce violence;
Te porter à l'amour? ah l'estrange action!
Mais qu'on souffre aisement cette punition!
Bien, ie veux t'épargner; ton respect me surmon-
    te,
Ton silence me plaist qui parle par ta honte,
Et sans plus te presser i'entends à cette fois
Pour auoir trop d'amour que tu n'as point de voix.

CLORINDE.

Mauuais, vous me feriez folle par complaisance.

CLARIMAND.

Donne ta modestie à ma seule presence,
Deuant moy fay la froide, ajuste vn entretien
Ou me faisant honneur on connoisse le tien,
Parle peu, réponds moins, qu'à peine on me re-
    garde:

Ailleurs, contre tes traits qu'vn cœur n'ait point
  de garde,
Employe vn mesme esprit & discret, & char-
  mant,
A me traiter en Frere, Amedor en Amant.

CLORINDE.

Pour vous plaire il faut donc que ie me sacrifie.

CLARIMAND.   (Parlant bas.)

Assez facilement, comme ie m'en deffie.

CLORINDE.

Et bien, vous me verrez complaisante à ce poinct...

CLARIMANT.   (Parlant bas.)

Peut-estre d'accomplir ce que ie ne veux point.

CLORINDE.

D'accorder à vos vœux ce qu'aux siens ie refuse,
Et vos commandements me serviront d'excuse:
Est-ce peu de faueur, le souffrir & le voir?
Mes yeux rechercheront des traits dans mon miroir,
Dont l'agreable effort plein de force et de charmes
Semblera le combatre en luy rendant les armes;

LE RAILLEVR.

Ie le diray mon cœur, mon ame, mon desir,
Et viuray tellement qu'il mourra de plaisir.

CLARIMAND.

Tout doux, au premier mot tu vas dans l'amourette :
Mais quoy ? pour m'obliger tu serois l'indiscrette ?
Ah ! vrayment c'est montrer vn excez d'amitié,
Et ton aueuglement me porte à la pitié ;
Tu prends dé-ja l'amorce, & tu ressens l'attainte,
Simple, & tu ne vois pas que ce n'est qu'vne feinte,
Que pour faire l'essay de ta legereté
I'ay donné ce combat contre ta fermeté ;
Ton humeur deuiendroit coupable d'innocente,
Ie t'ayme plus farouche & moins obeïssante :
Non non, retranche vn peu de tout ce beau dessein ;
Crois-tu que ie te mette vn Amant dans le sein ?
Que i'assemble vos cœurs, & sa bouche à la tienne ?
Ce qu'vn autre eust puni, qu'vn Frere le soûtienne ?
Qu'estant de ta vertu moy mesme suborneur,
I'achete mes plaisirs au prix de ton honneur ?
A prendre ainsi la loy que i'ose te prescrire,
Tu me ferois rougir où ie ne veux que rire.

CLORINDE.

Que vous m'embarassez en d'inutiles soins !
Que demandez-vous donc ?

CLARIMAND.

Que tu me donnes moins;
Que flattant Amedor d'vne simple caresse,
Tu ne prenns de luy que le nom de Maistresse:
Afin qu'en cét accez, tous ses esprits contents
M'en donnent chez Clytie, où ie passe mon temps.

CLORINDE.

Doncque vous nous iouez ainsi l'vne pour l'autre ;
Pour aller à sa sœur, vous luy donnez la vostre.

CLARIMAND.

Du moins en apparence ; & ie croy que son cœur,
Sans y mettre du tien, se rendra son vainqueur :
Ainsi, par vne flame ingrate & mensongere,
Ie ri'ray de la Sœur, & tu riras du Frere.

CLORINDE.

Vous ne me regardez en cela que pour vous,
Ce trauail m'est fâcheux, qui vous sera bien doux;
Vous demandez de moy la vertu par le vice,
Que ie me tienne droite au fonds d'vn precipice :
Mais il est difficile autant comme ennuyeux
D'auoir vn cœur de glace, & le feu dans les yeux.

CLARIMAND.

Tu te mocques, ma Sœur; auiourd'huy c'est l'vsage;
Le cœur plus froid sçaura payer d'vn bon visage;
Le mensonge obligeant attire nostre foy;
Engage tes appas, & ne retiens que toy;
Fay iouër les ressorts des yeux & de la bouche;
Touche vn Dieu, si tu peux, garde que rien te touche;
Parle, flatte, promets, & ne tiens rien du tout;
C'est comme on les surprend, comme on en vient à
    bout:
Rire, tromper vn homme, est-il plus douce peine? *
Mais en voicy l'obiet, que le hazard t'ameine:
Courage, tu pâlis; ie voy tes sens blessez;
Mords ta levre & tes gands; tiens les yeux abbais-
    sez;
Ce vermillon mêlé rend ta blancheur plus viue.

* Medot
Paroist.

CLORINDE.

C'est que mon front rougit qu'on me traite en captiue.

SCENE
DEVXIEME.

CLARIMAND, AMEDOR, CLORINDE.

CLARIMAND. {S'auançant pour receuoir Amedor.

Eroit ce pour me voir qu'Amedor vient
icy ?
Ie n'ay, pour l'obliger, qu'à dire, (la
voicy :) *

*Elle se presente à le Sieur Clorinde

Ah! que vous men voulez bien moins qu'à cette
Belle!
Vous ne venez à moy, qu'àfin d'estre auec elle;
Mesme vostre œil me dit, en cherchant ses appas,
Que celuy qui me rit ne m'y demande pas.

AMEDOR.

Non plus que vostre cœur m'appelle vers Clytie,
Lors que vous y dressez sans moy quelque partie.

CLARIMAND.　　　(Parlant bas.)

I'en dreſſe vne en effect que tu ne peux ſçauoir.
C'eſt pourquoy ie vous laiſſe, & ie m'en vay la voir.

AMEDOR.

Traitez humainement ma Sœur, à la pareille.

CLARIMAND.

*Puis s'a-
rétant ſur
le bord du
Theatre
& preſt à
s'en aller.*

N'eſpargnez pas la mienne, & ie vous le conſeille.
Toutefois elle eſt ſimple, & luy ſi glorieux,
Que ie crains qu'vn éclat luy donne dans les yeux :
Ces beaux Mignons friſez, auecque leurs mouſta-
　　ches
Eſchauffent plus le ſang que ne ſont les piſtaches;
La cadenette, l'or, la plume, & les brillans
Leur donnent ces faux noms de beaux & de vail-
　　lans;
Et c'eſt par où ſouuent vne fille s'engage,
Qui iuge ſottement de l'oyſeau par la cage.
Que de ceremonie, & de ſourds compliments !
Voyons les, écoutons leurs diſcours de Romants.

AMEDO'R.　　(Eſtant entré auec Clorinde
　　　　　　　　　dans vn Cabinet.)

Accordez à mes vœux cette faueur entiere,
Madame, vous prendrez le ſiege la premiere.
　　　　　　　　　　　　　　CLORINDE.

CLORINDE.

Si ie fay cette faute, & dans cette maison,
C'est pour-vous obeir plustost que par raison.

CLARIMAND. (Les ayant escouter, & parlant bas.

Voila suiure les tons d'vne commune gâme ;
Aprés, sur cét accord ils chanteront . . . .

AMEDOR.

Mon Ame !

CLARIMAND.

Iustement, c'est le mot ; acheue.

AMEDOR.

Mon desir !
Mes yeux auprés de vous ne sçauent que choisir,
La bouche icy me rit, là vostre sein m'attire,
Ils sont tous deux ma ioye, & tous deux mon mar-
tire :
Helas ! . . . .

CLORINDE.

Tranchez ce mot trop intentionné.

B

CLARIMAND. (bas.)

C'est pourtant du plaintif & du passionné.

CLORINDE.

Pour cette belle humeur dont vn Amant se pique
Vous estes serieux & trop melancolique.

AMEDOR.

Vous auez dans vos yeux dequoy me diuertir.

CLORINDE. (Se leuant auec vne grande reuerence.)

Je vous cede, Monsieur, & n'ose repartir.

CLARIMAND. (Parlant bas.)

La traitte, en ce chemin ne sera pas trop grande;
Attends qu'il ait parlé d'encens, de vœux, d'offran-
de.

CLORINDE. (Voyant qu'Amedor releue son masque quelle auoit laissé tôber)

Que de peine! Monsieur; c'est vn masque tombé.

CLARIMAND. (Continuant bas.)

S'il parle de son cœur, tu l'auras dérobé;
Laisse luy dire au moins (Ie meurs, ie vous proteste,)

Et tous ces autres mots qui luy seront de reste:
Ah ce masque fâcheux a troublé sa leçon.

CLORINDE.

Ne le treuuez-vous pas d'vne belle façon?

AMEDOR.   [Considerant le masque.]

Les yeux sont bien fendus, le front fait à garsette.

CLARIMAND.   [Bas.]

Mets y la bouche encore.

AMEDOR.

Et l'étoffe est fort nette:
Que i'ayme ce veloux, & qu'il est d'vn beau noir!

CLORINDE.

Faut-il vn compliment encore à vous asseoir?

AMEDOR.   [Luy rendant son masque, & luy prenant vn naud.]

Souffrez qu'en vous rendant.....

CLORINDE.

Ah! vrayment, peu de chose.

AMEDOR.

Ie prenne ce galand.

CLARIMAND. [Bas.]

Rimez, couleur de rofe.

AMEDOR.

De qui le vif éclat & s'efface, & fe plaint
Que l'incarnat pâlit auprés de voftre teint.

CLARIMAND. [Bas.]

Il donne dans l'efprit, & va dans les penfées;
Ce ftile eft de haut prix, & pour les mieux chauffées:
Muette à ces beaux mots la Niaife rougit.

CLORINDE.

Ce n'eft que d'vn ruban, aprés tout, qu'il s'agit:
Mais vous n'en portez point qui ne foit a la mode.

CLARIMAND. [Bas.]

Voila ce qu'au difcours l'ignorance accommode:
Puis qu'ils y font tombez, laiffons les en ce poinct
Coucher tout le Palais fur vn méchant pourpoint;
Ie puis, dans vn iargon qui déia m'importune,
Les remettre à leur foy fans crainte de fortune.

CLORINDE.   [Confiderant Amedor.]

A cauſe du faux iour, & d'vn volét fermé,
Ie penſois que ce nœud fûſt de Diable enrumé;
Ie ſuis d'auecque vous pour l'Eſpagnol malade,
La couleur en eſt morne, inſenſible, & trop fade;
Aſtrée a fait ſon temps; Celadon eſt laiſſé;
Vous eſtes auiourd'huy deſſus l'amant bleſſé;
Que voſtre aſſortiment merite qu'on l'admire!
Vous n'auez rien ſur vous qui ne me ſemble rire;
Ce demy-paraſſol que fait voſtre collét
Tient Gennes, Pontinar, & Veniſe au filét;
Ie vous treuue le pied pour le bas & la botte
La teſte pour la plume éleuée ou qui ſlotte,
Tout vous ſied noblement, & cazaque & manteau
Diray-ie ſans rougir que ie vous treuue beau?

AMEDOR.

Madame, épargnez moy; cette loüange extreme
Comme indigne pluſtoſt me fait rougir moy-meſme;
C'eſt preſque me chaſſer de chez vous tout à faict.

CLORINDE.   [le voyant leué pour s'en aller.]

Cette cauſe auroit-elle vn ſi mauuais effect?

AMEDOR.

Non, mais vn Cauallier qui peut tout sur mon ame
M'attend au rendez-vous....

CLORINDE.

Ou plustost vne Dame.

AMEDOR. (En souriant)

On ne me conte pas au nombre des heureux.

CLORINDE.

Ni des plus languissans, ni des plus amoureux.

SCENE
TROISIEME.

CLARIMAND, CLYTIE.

CLARIMAND.

Vous en riez, *Clytie?*

CLYTIE.

En ces fausses allarmes
C'est bien vous qui ririez, si ie versois des larmes.

CLARIMAND.

Et toutefois sans moy le scandale estoit grand;
Connoissez le seruice au moins que l'on vous rend.

CLYTIE.

Vous faut-il embrasser icy pour recompense?
Ouy, vous le souffririez; mais l'heure m'en dispense;

Ces Amants que ma porte auoit mis en débat
Ne nous permettent pas vn si plaisant combat.

CLARIMAND.

Comme ils se disputoient tous deux la preference
I'ay sceu les accorder en cette concurrence,
Partageant à chacun la porte pour entrer:
Auoüez que le fort, qui m'a fait rencontrer,
Vous oblige autant qu'eux en rompant leur que-
relle....

CLYTIE.

Grande, & qui meritoit de me mettre en ceruelle;
On ne me vit iamais triste à si bon marché,
Mesme on tient que ie ry quand ie pleure vn peché.

CLARIMAND.

Cette humeur est du temps, elle est fort agreable;
D'autres ont l'esprit fort, mais bien moins sociable,
Qu'aucun mal n'intimide & rien ne flatte aussi,
Froids parmy les plaisirs comme dans le soucy;
Vous donnez seule au mal vn visage de ioye,
Et pour deuenir gay c'est assez qu'on vous voye.
Mais ce couple d'Amans vient comme il est in-
struit,
Qui ne vous fera pas l'amour à petit bruit.

CLYTIE.

CLYTIE.

Ils en ont dé-ia fait affez, deuant la porte
Pour croire tout perdu, toute la maifon morte.

CLARIMAND.

Ils n'ont dans ce combat épargné que du fang:
Les voicy, mais voyez comme ils tiennent leur rang.

CLYTIE.

Sans la loy qu'en entrant vous leur auez, preferite
Ils n'euffent pû iamais accorder leur merite.

CLARIMAND.

Cet honneur de l'entrée en a fait détefter
D'auffi fots à l'offrir qu'eux à le difputer.

CLYTIE.

On diroit que l'orgueil à pas contez chemine.

CLARIMAND.

Faites la ferieufe, & tenez bonne mine.

C

SCENE
QVATRIEME.

TAILLEBRAS Capitan , DE
LYZANTE Poëte, CLYTIE,
CLARIMAND.

TAILLEBRAS ,   (saliient Clytie.)

E foudre des combats , l'effroy de l'Vniuers.

DELYZANTE.   (Le saluant aussi.)

L'Apollon de ce siecle, & le maistre des Vers.

TAILLEBRAS.

M'interrompre? parler? ah! ventre! quelle audace!
Iette ce Mirmidon iusques dessus Parnasse;
Que là, de ses desirs amoureux & hautains
Il aille entretenir ses neuf vieilles Putains,
Et que ce Farfadet pour guerir sa migraine
Boiue tout l'Helycon, puise tout l'Hypocreine: *

*puis par-
lant a soy
mesme.

Cœur royal, ſois moins noble , & daigne le hayr ;
Il monteroit Pegaſe en vain pour me fuïr ;
Ah ! que s'il meritoit.... Mais excuſez, ma Reyne ;
L'Amour demande ſeul & mes feux & ma peine,
Le reſpect qui me lie oblige mon courreux
D'épargner des tranſports qui ne ſont dûs qu'à
　　vous ;
Sans cela.... （En frappant de ſa gaule ſur ſa iambe par brauade）

CLARIMAND. （Se mocquant de luy）

　　Vos regards le reduiroient en poudre.

LYZANTE.

Ce ſont de vains éclairs qui n'ont iamais de foudre ;
Euſt-il celuy du Ciel, pour me faire vn affront,
Le laurier que ie porte en garantit mon front.

CLARIMAND.

Il pare du Phebus , qui luy vaut vne lame ;
Sa lépre eſt dans les os , & paſſe iuſqu'à l'ame.

LYZANTE.

Parlez mieux ; la Poëſie eſt vn poiſon diuin.

CLARIMAND.

Ouy , mele dans le ius qu'on appelle du vin ;
C'eſt vn art à mentir , à flatter , à medire ,

Qui charme vn Ignorant, pource qu'il se fait lire,
Qu'on le nôme l'Autheur d'Armide ou de Thysbé,
Qu'il nous vante pour sien, ce qu'il a, derobé,
Qu'au Marais, à l'Hostel, l'vn & l'autre Theatre
Rendent vn peuple entier de ses vers idolatre :
Vn essein d'Auortons que le siecle produit
Bat l'oreille des Grands, les assiege, les suit,
Paris en est farcy, chaque Hostel en fourmille,
Il n'est point de reduit où l'vn d'eux ne babille,
Ils se fourrent par tout, les ruelles des liéts
S'empestent de leurs mots de roses & de lys.

LYZANTE.

Bon, pour ceux qu'au metier vn premier iour appli-
que,
Ie passe le commün, ie suis Poëte Comique,
Mercenaire ? iamais grace à Dieu, i'ay du bien.

CLARIMAND.

O le noble courage ! il y mange le sien :
L'oysiueté, la faim à cet Art les appelle,
Sont ils accommodez ? au Diable vn qui s'en mêle,
Eussent-ils moins de force ou de rang qu'vn Oison,
L'vn vante son courage, & l'autre sa Maison,
Et quoy qu'ils suiuent tous la fortune apparente,
Le vent seul est leur fonds, la fumée est leur rente,
Le laurier, pour montrer l'espoir qui les seduit,

A la fueille fort belle, & n'a qu'vn mauuais fruict,
Leurs titres les plus grands font au front d'vn Vo-
lume,
Et leurs biens établis fur le fon & la plume,
La terre de Parnaffe eft fterile en moiffons,
Elle a diuers ruiffeaux, pas vn n'a de poiffons,
Comme voleurs de nuict ils fe feruent de lime,
De poincte encore plus que les maiftres d'efcrime,
De cadence & de pieds plus que les baladins,
Et font regle nouuelle à fe montrer badins,

LYZANTE.

Vous, qui méme inuentez des plaifirs qu'on ignore,
En voulez-vous bannir vn que le fiecle adore ?
Blámer la Comedie, où vous allez fouuent ?

CLYTIE.

En effect, il a tort, il paffe trop auant,
Il vous a prefque tous condamnez au fupplice,
Et ma chambre euft paffé pour celle de Iuftice,
Les galeres eftoient voftre moindre tourment :
Mais i'euffe eu le rappel pour vn fi noble Amant.

TAILLEBRAS.

Amant : c'eft le flatter, & tout autre eft indigne
D'vn titre qui n'eft dû qu'à mon amour infigne :

Et souffrir mon merite estre en comparaison

*En te-
gardant
Lyranee
de tlaueis
par bra-
uade.

Auec vn?.... Ah! Monsieur, que vous auez rai-
    son!

Vous m'auez dérobé ce que ie voulois dire,

Vous estes galant homme, & propre à la Satyre;

De parler aprés vous? Dieu me damne, on ne peut,

*montsit
& faisant
affectou
elpce.

Et cettecy* pour moy parle quand elle veut;

Au milieu d'vne armée on s'anime à l'entendre,

Où le canon, de peur fuit, et n'ose l'attendre;

Elle a mis sur les prez plus d'hommes à l'enuers

Que les Poëtes du temps n'ont fagotté de vers,

Plus épanché de sang à rougir mille pleines

Qu'eux d'ancre à charbonner des fueilles toutes
    pleines;

Seule, & sans implorer ces vendeurs de renom,

Au Temple de Memoire elle a grané mon Nom;

On le lit à l'entour des Colomnes d'Hercule,

Peint en lettres de feu dessus le Mont qui brûle;

Sur le Caucase aussi les neiges de cent ans

Le gardent par respect à l'épreuue du temps;

C'est de luy qu'on oit bruire & le Gange, & l'Eu-
    frate;

Ce nom de Taillebras dans tout le monde éclatte;

Il n'est point de païs qui luy soit étranger,

Il est Turc à Byzance, & More dans Alger;

Les Estats n'ont de loy qu'il ne leur ait permise,

Il fait les Roys en France, & les Ducs à Venise;

L'Hespagne m'a noury moins de laict que d'orgueil,
L'honneur de mon berceau m'affranchit du cercueil,
Ou, si ie doy mourir, c'est d'vn coup de tonnerre,
Il faut pour mon sepulchre vn tremblement de terre.

CLARIMAND.

Comme l'Impertinent extrauague à son tour,
Il fait son Epytaphe, & croit faire l'amour :
Tous ces exploits en l'air, que tes discours nous van-
tent,
Loin de te faire aymer au sexe, l'épouuantent.

CLYTIE.

C'est vn vice du ventre, & de la Nation.

CLARIMAND.

On ne croit tes pareils qu'à bonne caution.

TAILLEBRAS.

Tes pareils ? ventre ! tes ? est-ce ainsi qu'on me berne ?
Moy, qui n'ay d'element . . . . .

CLARIMAND.

Que l'air d'vne tauerne.

TAILLEBRAS.

Que celuy de la gloire, & de tant de splendeurs,
Dont ie refuy l'éclat, ennuyé des Grandeurs;
Et me sangler d'vn tès à moy, moy, qui fay litiere
D'Excellence, d'Altesse, & de telle matiere?
Tes pareils? Mais i'ay tort de me plaindre en ce
    poinct;
Il parle de pareils, & moy ie n'en ay point.

CLARIMAND.

Il est vray; mais il faut ajoûter, de folie.

CLYTIE.

Vn Amant en fureur, l'autre en melancolie?
Dedans vn desespoir l'vn & l'autre iettez?
C'est trop d'excez, vers moy, vers eux de cruautez.

LYZANTE.

Souffrez-vous ce pouvoir qui n'est pas legitime?
Celuy touche à l'Autel, qui corrompt la victime;
Il vous offence en nous, et cruel à nos vœux
L'insensible qu'il est pense étaindre nos feux;
Mais.....

TAILLE-

TAILLEBRAS.

Quoy, mais? ose - tu hors ce poinct y pretendre?

CLYTIE.

Cessez, vos differens, ie ne les puis entendre;
Ie remets ce debat à mon premier loisir:
Allons au Cabinet rire de ce plaisir.

ACTE II.

SCENE PREMIERE.

BEAVROCHER Volontaire,
LA DVPRE' Courtizanne.

BEAVROCHER. (En la baisant)

N'core vn, ma Mignonne, & mon
 ardeur s'appaise ;
Que tu cherches de grace à faire la
 mauuaise !

LA DVPRE'.

Arreste, Beaurocher ; mais non, poursuy toûjours.

BEAVROCHER.

Que ne puis-ie baiser encore ton discours !
Mon cœur, à ce signal d'vne douce escarmouche,
Va recueillir ces mots iusques dessus ta bouche ;

Tes yeux rendent aux miens par mille trais volans
Des paroles de feu pour des baisers parlans;
Cet art dont tu souris tu l'as apris à Rome,
Ce n'est pas d'auiourd'huy que tu sçais prendre vn
    homme.

LA DVPRE.

Ni toy ces fruicts d'amour dérobez sans parler;
Vn autre les demande, & tu les sçais voler,
Vn baiser accordé te sembleroit trop fade,
A ton goust peu de fiel assaisonne vne œillade,
Tu veux de mes faueurs qui te plaisent le mieux
Le refus par la bouche, & le don par les yeux:
Ton gré m'est vn miroir, ou mon front s'estudie,
Qui me rend l'action plus douce, ou plus hardie,
Qui compose ma mine, & regle mes attrais.

BEAVROCHER.

Mon nom te garantit aussi de mille traits:
I'ay chassé de ta porte vn gros de lansquaires;
Tu ne redoutes plus Filous ni Commissaires;
Ie t'ay faite, en vn mot, par l'effort de ma main
Reyne en tiltre formé du fauxbourg saint Germain;
On adore tes yeux, comme on craint mon courage;
Tu contemples du port tes Sœurs dans le naufrage;

L'Angloife, la Flamande, ou Lyze, ou Colichon,
N'oferoient regarder l'ombre de ton manchon;
Qui te fâche, il eft mort, autant t'en expedie;
On t'offre le tapis mefme à la Comedie,
On y marque ta loge, & le vaillant Portier
A te la conferuer fignale fon métier;
Ton caroffe eft fuiuy de Laquais, & de Pages,
Tes Sœurs les craignent tant, tu les as à tes gages;
Le nombre des Seigneurs qui paffent par tes bras
Hauffe à deux mille écus la rente de tes draps;
Ton nauire, flottant à voiles dépliées
Rend dé-ja tes faueurs des Princes enuiées;
Tant!...

LA DVPRE'.

Quoy?

BEAVROCHER.

De Cordons bleus, de panne, & de veloux!

LA DVPRE'.

N'en eftant point fâché, n'en es tu pas ialoux?

BEAVROCHER.

Non, ie me charge peu de peine imaginaire.

LA DVPRÉ

Ils ne l'ont qu'à l'emprunt, & tu l'as ordinaire.
Mais i'entends quelque bruit : esquiue prompte-
ment,
Passe là. Non reuiens, c'est l'Amy Clarimand.

SCENE DEVXIEME.

CLARIMAND, LA DVPRÉ, BEAVROCHER,

CLARIMAND. (Se retirant d'vn pas)

Vis ie aller plus auant ? i'ay troublé le
mistere.

LA DVPRÉ

Clarimand vit toûjours, & ne sçauroit se taire.

D iŋ

CLARIMAND.

Vos visages contrains n'ont pas leur action,
Je devine le reste, & sçay la faction,
Peu de temps vous a mis ou mettoit à la crise,
Ou la belle Dupré contrefait la surprise.

LA DVPRE'

Je la suis en effect, mais c'est de voir icy
Vn qui n'a plus de nous memoire ni soucy.

BEAVROCHER.

Vn, qui donne du nez dedans le mariage,
Et n'apprehende point ce perilleux voyage.

LA DVPRE

Ouy dit, ne s'attachant qu'à des filles de bien,
Ty des Dames d'amour, & de leur entretien,
Mais enfin degousté d'vne mesme viande
Ce pigeon en viendra chercher de plus friande,
Et lors .....

CLARIMAND.

Je pourray bien crier cent fois [De l'eau!]
Que l'on me laissera bruler dedans ma peau.

LA DVPRE.

Garde au moins, que surpris de ces flames noauelles
Il n'y laiſſe pour gage ou le bec, ou les ailes.

CLARIMAND. [ſoûriant.]

Encore en auriez-vous peut-eſtre quelque ennuy.
Vous pleureriez demain ſur ma mort d'auiour-
　　d'huy ;
Vous n'auez iuſqu'icy débatiſé perſonne,
Humaine, pitoyable, aumôniere, & trop bonne.

LA DVPRE

Donc que vous en contez, agreable Mocqueur ?

CLARIMAND.

Ce ne ſont pas de ceux qui touchent voſtre cœur ;
Ces grands conteurs ne ſont rien moins que voſtre
　　conte,
Qui laiſſent, au lieu d'or, du vent & de la honte :
Le meilleur qu'il vous faut c'eſt vn Comte Alle-
　　mand ;
Je veux qu'il ſoit cheual, & parle vieux Romant,
Et qu'il n'ait rien de noble, excepté la depenſe ;
Si la craſſe en eſt iaune, on le frote on le penſe ;
On deuient honneſte homme à vos yeux par le couſt :

Eſt-il froid d'appetit, luy faut-il vn ragouſt?
Auſſi toſt on mettra la ceruſe en campagne,
Les eſſences, le blanc & vermillon d'Heſpagne:
Ou les plus raffinez qui baiſent en François,
De peur de s'engraiſſer, n'y mettroient pas les doigts.
Si l'ennuy du logis vous chaſſe dans le Temple,
C'eſt pour mieux faire vn mal deſſus vn bon exem-
    ple;
Au milieu du reſpect, des vœux, de l'Oraiſon
Vous mélez des attrais, des feux, & du poiſon;
Vous ſçauez mollement ioüer de la prunelle,
L'vn des yeux contre terre, & l'autre en ſentinelle:
Ne treuuant pas Roger, vous ſongez à Roland,
Et vous allez à Dieu pour chercher vn galland:
C'eſt peu de ſe farder iuſques dans les yeux meſme,
Se pinſer, s'embellir par vn tourment extreme,
Porter au lieu de mouche, & comme inciſions,
Des ſieges ſur la ioüe & des occaſions;
Vous feriez comme Iris, qui docte en voſtre vie
Se fit meſme foüetter pour en donner enuie.

BEAVROCHER.

C'eſtoit de nos froideurs ſur elle ſe vanger:
Iris, eſt elle icy? c'eſt vn nom eſtranger.

LA DVPRE

Ie l'ay connuë à Rome; & quoy que plus nouice,
Auec elle i'eſtois ...

CLARI-

CLARIMAND.

Compagne d'exercice ?

LA DVPRE'.

Peu d'autres la voudroient imiter à ce prix.

CLARIMAND.

D'elle viennent ces traits que vous auez appris.

LA DVPRE'.

L'vsage fait cet art, qu'y pouuois-ie connaistre ?
Je n'auois pas douze ans, & commençois à naistre.

CLARIMAND.

Naistre, en termes d'honneur & pour bien discourir,
C'est lors qu'vn pucelage est eclos pour mourir ;
Selon vous c'est le poinct où l'on commence à viure.
Mais Iris, Beaurocher, n'estoit pas sur ton liure ;
Vous tenez en Greffiers registres des Berlans,
Et semblez ces Oyseaux qu'on met pour appellans.

BEAVROCHER.

Appellans ? cette secte est trop mon ennemie ;
Si ie passe mon temps, c'est hors de l'infamie ;
Noble.....

E

CLARIMAND.

Vn peu mal-aisé.

BEAVROCHER.

Ce plaisir m'est permis :
Laissons toute riotte, & viuons en Amis.

CLARIMAND.

Ie le veux, & du moins le suiet qui m'ameine
Te seruira de foy d'vne amitié certaine.
Tu sçais que mon humeur est de rire en tous lieux,
Que ie voy du faux or aux Idoles des Dieux,
Et n'estoit que le Ciel ou s'éloigne ou se cache
Que ie m'éforcerois d'y treuuer quelque tache :
N'aymant pas la fureur d'aller mordre si haut,
Pour tomber de plus bas i'eleue moins le saut ;
Ie regarde le Monde en diuerse posture
D'âge, de qualité, de sexe, & de nature ;
Riche, pauure, vilain, le noble, tout me sert ;
Et ie passe mon temps à voir comme on le perd :
Ie m'attache, il est vray, depuis peu chez Clytie,
Dont ie treuue l'humeur à la mienne assortie ;
Du dessein que i'en ay ! c'est où ie pense moins ;
Et ie pourrois tous deux vous en faire témoins :

LA DVPRE'

On en parle pourtant ; c'est vne prophetie.....

CLARIMAND.

Que ce siecle iamais ne verra reüssie.
On y parle Gazette, & d'Intrigue, & de Cour,
Les plus polis du temps y font leçon d'amour :
Mais la meilleure piece, & qui vaut plus à rire,
C'est d'vn vain Capitan;..... Aydez moy pour le
dire.

BEAVROCHER.

Est-ce vn de ceux qu'on doit iöuer à ces iours gras?
Rodomont, Scanderberg, Fracasse, ou Taillebras?

CLARIMAND.

Ce dernier.

BEAVROCHER.

Ie connoy le galand.

CLARIMAND.

C'est luy mesme :
Vn Poëte aueoque luy, froid, d'vn visage blême,

E ij

Mais fantaſque d'humeur autant que l'autre eſt
   promt,
Sont les deux qu'auiourdhuy ie veux te mettre en
   front :
Souffrez pour vn moment que ie vous le dérobe.

LA DVPRE'.

Monſieur, à tout beſoin diſpoſez de ma robe.

CLARIMAND.

Ces deux viſages ſont pieces de Cabinet.

BEAVROCHER.

Voyous les, qu'à chacun ie leur taille vn bonnet.

SCENE
TROISIEME.

CLYTIE, LYZANTE, TAILLEBRAS.

CLYTIE. *(Tenant en main vn Sonnét, du Poëte Lyzante.)*

Vos vers trop éleuez vont dans l'idolatrie;
I'y voy beaucoup d'esprit, mais plus de flatterie.

LYZANTE.

Pour n'y rien affecter, parmy les traits polis
I'ay pourtant éuité les rosés & les lys;
I'ay cherché dans le doux la cadence & la rime;
On n'y treuuera pas vne voyelle en crime;
La Consône n'a rien de rude ou discordant;
I'ay passé le bas stile, & fuy le pédant;

E iij

Comme vous n'estes pas seule dedans le Monde,
J'ay decrit vos beautez, sans dire sans seconde.

CLYTIE.

Que tout y soit diuin, les couleurs & le trait;
On ne me connaistra iamais à ce portrait:
Souuent, pour trop flatter, le mensonge importune;
Vous m'y dépeignez blanche, & voyez, ie suis
    brune:
Vous deuiez accorder vostre esprit à vos yeux,
Me mettre sur la terre, & non pas dans les Cieux.

LYZANTE.

Où pourriez vous mieux estre, estant vn si bel Ange?

TAILLEBRAS.

Dans mon cœur, comme vn lieu de plus digne loü-
    ange:
C'est où l'Honneur reside en vn trône éleué;
Où le Sultan feroit gloire d'estre graué;
Où mesme l'Empereur, & les plus grands Monar-
    ques
Viennent pour s'exemter de la rigueur des Par-
    ques:
Mais si ie les admets dans ce noble seiour,
C'est pour y respecter vos traits, & mon amour;

On les y voit tremblans, afin de me complaire,
Adorer à genoux ce bel Oeil qui m'éclaire,
Offrir à voſtre Image, auecque mon ardeur,
Titres, et Maieſté, Couronnes, & Grandeur.

CLYTIE.

Couronnes ? ie ſerois à ce conte vne Reyne.

TAILLEBRAS.

Sur toutes la premiere, & la plus ſouueraine.

CLYTIE.

Mon extrême regret, c'eſt que de tant de bien
Tout ſoit à mon portrait, & que ie n'en ay rien ;
Paſſant pour mon Image, ah ! l'accident étrange !
Que ie vaudrois bien plus, & gagnerois au change !
Mais qu'eſt-ce, qu'ajoûter à mon état premier
Des Royaumes en l'air, en terre du fumier ?
Bâtir ſans fondement des fortunes en ſonge ?
Flatter la pauureté par vn riche menſonge ?
La paille eſt preferable à tous ces vains treſors ;
Ce ſont Reynes de carte, & qui n'ont point de corps :
A iuger de nous deux ſelon cette poſture,
Vos feux & mes appas ne ſont rien qu'en peinture ;
Mais ſi la verité ſe doit dire à tous deux,
Rien ne peut accorder mes appas & vos feux.

TAILLEBRAS.

Ie ſçay bien qu'elle m'aime, & qu'elle me reuere ;
Elle rit, (Dieu me damne,) en faiſant la ſeuere ;
Elle me tâte, & veut deſſous vn feint mal-heur
Voir ſi ma patience égale ma valeur ;
Mais, (ventre!) nous auons éuenté cette mine :
Addoucy-toy, mon cœur, & tenons bonne mine ;
Et bien, ne vois-tu pas dé-ja qu'elle ſoûrit ?

CLYTIE.

Sa diſgrace le flatte, & le vent le nourit,
Il tourne mes rigueurs au ſuiét de ſa gloire.

LYZANTE.

Et ſon mauuais deſtin fait naiſtre ma victoire ;
Puis-ie vous rendre grace autrement qu'à genoux?

CLYTIE.

A l'autre! ils ſont tous deux auſſi vains comme
    foux :
Ma cruauté leur plaiſt, en vain ie les irrite ;
L'vn vante ſon courage, & l'autre ſon merite.
Suis-ie plus ſage qu'eux? m'oſé-ie hazarder?
On pourroit deuenir folle à les regarder ;

Ma

Ma foy, tout mon esprit n'est qu'un foible reme-
de.
Mais voicy du secours : Accourez à mon ayde.

SCENE QVATRIEME

BEAVROCHER, CLARIMAND, TAILLEBRAS, CLYTIE, LYZANTE.

BEAVROCHER.

Lle crie ; auançeons.

CLARIMAND.

Rien ne nous doit presser :
Que sont-ils, ces Amants ? voudroient ils vous
forcer ?

CLYTIE.

Leur posture paisible asseure le contraire ;
L'vn se mire en sa mine, & l'autre n'en a guere.

F

BEAVROCHER (Voyant le Capitan qui s'ébranle)
(à vn bout du Theatre.)

O le plaisant mancige! & comme il tourne en rond!

TAILLEBRAS. [bas]

Quitte mes sens, audace, & paroy sur mon front;
Que parmy les assaux d'vn si cruel orage
On n'y lise qu'ardeur, que gloire, & que coura-
ge;
Fay trembler ces témoins, de tant de fermeté,
Et sois plus genereux que tu n'es mal traité.

CLARIMAND. [Aprés auoit parlé à Clytie
long temps à l'oreille.]

Le tout n'yra que bien; laissez faire; il faut rire.

CLYTIE.

Ce Sonnet que voicy....

CLARIMAND.

Donnez; ie le veux lire.

CLYTIE.

Et quelques vains discours de cet ardeur de chiens
M ont tenuë à la Croix; par des sots entretiens.

TAILLEBRAS.

Pour détourner vn flux d'iniures nompareilles
Montre beaucoup de cœur & quaſi point d'oreilles,
Ioüé icy de la mine & morgue le deſtin,
Déguiſe cét affront du geſte plus mutin.

LYZANTE.   (Voyant que Clarimand veut lire ſon Sonnet.)

Vne grace, Monſieur ; ie l'attends à mains iointes ;
Si vous liſez., ie perds la moitié de mes poinctes ;
Que ie prenne l'honneur, vous le contentement
Que mes vers ſoient oüis ſelon leur ornement ;
On eſt aſſez d'ailleurs ſuiet à la cenſure ;
Et ie ſuis delicat pour la moindre bleſſure.

CLYTIE.

Sa demande eſt fort iuſte ; on ne peut refuſer.....

CLARIMAND.   (luy donnant le Sonnet.)

A luy meſme ſa voix, afin de s'accuſer.

SONNET (que Lyzante lit haut.)

LYZANTE.

Pur vous rendre, Clytie, vn aſſez digne
  hommage,
Il n'eſt rien ici bas de ſortableà vos yeux

F ij

On ne vous peut donner que le nom precieux
D'estre enfin la merueille & l'honneur de nôtre
　âge.

CLARIMAND. (L'interrompant.)

Ah! quel ton! quel accent! ô Dieu! qu'il est plaisant!
Il mignarde sa voix, puis il fait le pesant,
Il a les yeux ardents comme vn chat que l'on berne,
La hure d'vn Lyon qui sort de sa cauerne;
Il fronce le sourcil, qui plus fier qu'vn Huissier
Semble dire Paix là, Silence, il est sorcier,
Sans cracher, sans tousser écoutez ses Oracles;
Il faut aprés cela s'écrier, Aux miracles:
Donne; ta voix m'écorche & l'oreille & les reins;
Il falloit vne pause entre les deux quatrains.

* Il luy prend le Sonnet pour le lire.

SONNET [que Clarimand recommence à lire.]

Our vous rendre, Clytie, vn assez digne
　hommage,
Il n'est rien ici bas de sortable à vos yeux;
On ne vous peut donner que le nom precieux
D'estre enfin la merueille & l'honneur de nôtre âge,

　Vous voir, & s'éblouïr, n'aymer que son dom-
　mage,
Ce sont de nos transports les plus officieux;

Nous faisons ce que fait le Soleil dans les Cieux,
Qui sans parler, en vous admire son image.

Que cét Original vous cede en tous ses traits!
Vous auez ses rayons; il n'a pas vos attrais,
Ni la blancheur du teint, ni les graces encore:
Ie vous treuue pourtant semblables en vn poinct:
C'est que ces deux Obiets, que la Nature adore,
Enflament tout le Monde, & ne s'échauffent point.

DE LYZANTE

De Lyzante? Ah! ce (De) témoigne sa Noblesse:
C'est où la vanité les seduit & les blesse;
Ils tranchent du Monsieur, & dans leurs vains
    proiets
Ils sont Nobles sans fiefs, & Seigneurs sans suiets.

LYZANTE

I'ay titre....

CLARIMAND.

Au carrefour, & dedans les affiches.

LYZANTE.

Et le droit de chasser....

CLARIMAND.

Ouy, mesme iusqu'aux Biches;
Mais de celles, sans plus, qui dans les lieux d'hon-
neur
Vous font selon l'argent passer pour vn Seigneur:
On rit d'vne Noblesse & si courte & camuse;
Quittez cette Bâtarde, & caressez la Muse.
Celle-cy, Beaurocher te plaist-elle ?

BEAVROCHER.

Fort peu.

CLARIMAND.

Qu'en dis-tu?

BEAVROCHER.

Q.. es vers meriteroient le feu.

CLARIMAND.

Voila trop de rigueur: Et vous?

CLYTIE.

C'est ma creance,
Que i'auois suspenduë auecque patience:

Tu fais le temeraire encore, & tu foûris ?
Va, crois-tu me pécher auec des vers pourris :
Mais tous mis en morceaux, ie les rends à la terre. * Elle les
déchire.

LYZANTE.

Frappez, Dieux, acheuez ce grand coup de tonnerre ;
Venez, iuftes Fureurs, auancez mon trépas ;* Trepant
du pied
Et toy, ne dois-tu pas t'ouurir deffous mes pas ? la terre

CLARIMAND.

Courage ; il couche gros ; dans l'humeur qui le pique
Tous les termes fuiuront d'vn dépit poëtique.

LYZANTE. [Continuant]

Mais i'inuoque vne ingrate & fourde à mes cla-
meurs,
La terre qui prend tout, me fuit lors que ie meurs ;
Cerchons le feu, le fer, vn roc, vn precipice,
Où la plus promte mort me foit la plus propice.

BEAVROCHER. (Seprefentant auec)
(fes armes.)

La pitié me furmonte ; il m'en faut approcher :
Pour mourir promtement, voy, ie t'offre vn rocher ;
Veux-tu ce piftollet, ce poignard, cette épée ?
Ton fang s'offenceroit qu'elle s'en vift trempée :

Faifons mieux ; honorons, en te iettant dans l'eau,
La Scine & le Pontneuf des dépouilles d'vn Véau.

LYZANTE.

Quoy ? fans punition vous fouffrez ce blafpheme ;
Et voulez, Dieux ingrats, encore qu'on vous aime;
En quelle feureté fe verront vos Autels,
Si l'on choque mes vers, comme vous immortels ?
Ie veux les employer à demolir vos Temples,
Paffer à des fureurs qui n'auront point d'exemples,
Enfeuelir vos noms, indignes d'eftre écrits
Sur le front feulement de leur honteux débris :
Et toy, dont la rigueur me porte à cét outrage,
Obiét de mon amour, maintenant de ma rage ;
Apprends, que pour te peindre enfin mon defefpoir
Va chercher en Enfer vn crayon affez noir.

CLYTIE.

Va-ton fi vite au Diable ? adieu donc, bon voyage

CLARIMAND.

Il fera bon pour luy, s'il en reuient plus fage :
Hors l'humeur toutefois, fes vers pleins de douceurs
Montrent qu'il a baifé mille fois les neuf Sœurs.

TAIL-

TAILLEBRAS. (Voyant Lyrante sorty.)

Son malheur a plus fait icy que mon audace ;
Ie reste triomphant & maistre de la place.

BEAVROCHER.

Iusqu'à ce que mon bras te la fasse vuider,
Impudent ; tu soûris, tu m'oses regarder ?
Mais plustôt pour ton mieux regarde cette porte.

TAILLEBRAS.

Parler de la façon aux hommes de ma sorte ?
Ah ! tuons .…… Toutefois le vilain est armé,
Et ne m'attaque pas sans vn dessein formé.

CLARIMAND.

Vous craignez ?

CLYTIE.

Tant soit peu ; quel malheur, ie vous prie,
S'il tournoit à bon ieu toute la raillerie ?

CLARIMAND.

C'est dont ie vous asseure, & prenez en ma foy.

G

BEAVROCHER.

Aprés deux mots, sortons, Madame, vous & moy.
Te voir encore icy ? tes oreilles m'attendent,
Poltron ; ça, qui au plancher à cette heure elles pen-
dent.

TAILLEBRAS.

Poltron ? le fils aíné qu'enfanta la Valeur ?

BEAVROCHER.

Ah ! vrayment, l'on en voit la marque en ta pâleur.
Mais c'est trop discourir ; dégainons.

TAILLEBRAS.

Qu'on me presse ?
Que ie souffre vn affront, aux yeux de ma Mai-
stresse ?
Sus ! il en faut découdre. Ah ! respect, mon boureau,
Entens plaindre ce fer que tu tiens au foureau.
Dieux ! vn obiét m'empéche, & l'autre me connie :
Mais le premier l'emporte, & te sauue la vie.

BEAVROCHER.

C'est moy, qui te l'accorde en ce mesme soucy,
Pour te la faire perdre en autre lieu qu'icy ;

Ce peu de temps qu'il faut pour conduire Madame,
Tu le peux employer à songer à ton ame. ★

★ Beauté
cher en-
meine
Clytie du
meonstant
Taille-
bras.

CLARIMAND.

Son épée à vos yeux veut montrer sa lueur :
Quoy ? vostre front distille d'vne froide sueur ?....

TAILLEBRAS.

C'est que mon cœur boüillonne, & par là s'éuapore.

CLARIMAND.

Vostre œil s'appesantit, le teint blémit encore,
Vous tremblez.

TAILLEBRAS.

Comme fait de colere vn Lyon :
Mettray-ie ce combat auec vn milion ?
Que diront tant de Preux, de qui ie suis l'Alcide ?
Qui respectent ce bras qui fut leur homicide ?
Ne se plaindront-ils point de ce qu'vn lâche sang
Déshonore ma main, & fait honte à leur rang ?
Non non, ie ne luy puis accorder cette gloire.

CLARIMAND.

Quoy ? perdrez vous la vostre, à vous en faire ac-
croire ?

LE RAILLEVR

Vous qui suiuez l'honneur parmy les plus constants
Sçauez vous pas que c'est un doux monstre du temps?
Qui ne reçoit ni droit, ni respect, ni remise,
Qui pour nous voir à nud nous fait mettre en che-
    mise,
Qui combat la Nature, arme frere & parents,
Montre un espoir douteux, mille maux apparents,
Qui confisque nos biens .....

TAILLEBRAS.

        Ah! ventre! c'est tout dire;
Ce Gueux n'a rien à perdre, & i'ay plus d'un Em-
    pire;
Je ne hazarde point ma teste ni mon fonds.

CLARIMAND.

Inutiles pensers, encore qu'ils soient bons;
En ce branle mortel la Mode nous entraine;
La raison n'est qu'esclaue, & l'autre est une Reyne;
C'est un mal violent qui veut auoir son cours :
Pour les biens; quelque Amy nous les sauue tou-
    jours;
On faict passer le tout soûs un nom de rencontre:
Et c'est le seul chemin qu'aprés tout ie vous montre;
Battez vous sourdement.

TAILLEBRAS.

Mes coups font trop de bruit.

CLARIMAND.

Sans suitte, sans second, dans la ruë, & la nuict;
La Lune dans son plein fournira de lumiere :
Vous seriez décrié, fuyant cette carriere.
Vous y songez encore? est-il temps de réuer?

TAILLEBRAS.

C'en est fait, ie le veux ; faites le moy treuuer.

CLARIMAND.

Pour ne vous point chercher, il a trop de courage.

TAILLEBRAS.   (Bas.)

Mon esprit sçait le vent qu'il faut à son naufrage.

G iij

ACTE III.

SCENE PREMIERE.

AMEDOR, CLORINDE.

AMEDOR.

Ette faute, Madame, est elle sans
    pardon?
Auecque mes Amis ie suis à l'aban-
    don,
Ie defere à leur gré plustost qu'à mon
    Genie,
Et ne sçaurois fausser la moindre compagnie.

CLORINDE.

Encore moins pour moy qui le merite peu.

AMEDOR.

C'est ietter en mon cœur de l'huile sur du feu,
Vôtre desir, d'vn temps m'est rude & fauorable,
Mon bon-heur me trahit, & me rend miserable,
Trop de faueur me nuit, humble & vain à l'instant,
Que ie serois heureux si ie ne l'estois tant!
Ou si l'ingrat Demon qui gouuerne ma flâme
M'eust du moins auerty des secrets de vostre ame,
Que vostre volonté m'appelloit deuers vous?
O Dieux! que le penser me flatte & m'en est doux.

CLORINDE.

Il falloit employer, comme ie m'imagine,
Pour vous tirer icy, lettre, Page, & machine?
Comment? auoir passé trois heures sans me voir!
Et puis, i'ay dessus vous vn extréme pouuoir?
Vous viendrez froidement me dire quelque conte,
Qu'il n'est rose ni lys que mon teint ne surmonte,
Que hors de ma presence, il n'est point de moment
Qui ne vous coûte (Helas!) vn siecle de tourment;
Que pour chasser du front vne couleur blémie
L'vn vous entraine au bal, l'autre à l'Academie;
Que le Cours, où chacun treuue à se contenter,
Sert à vous diuertir moins qu'à vous tourmenter;

Que le Louure vous geine aux deuoirs necessaires ;
L'Eglise, le Palais, les sermons, les affaires ;
Que mon obiét, ma chambre est tout vostre elément,
Et que vous ne iurez que par moy seulement :
Tandis qu'au Cabinét, et sans vouloir paroistre,
Clorinde est solitaire & comme dans vn Cloistre,
Qu'attendant vos cheuaux de cent lieux embour-
    bez.
Elle se plaint d'vn temps que vous luy dérobez :
Aujourd'huy que ie suis hors de l'indifference
Ie pretends de l'Empire & de la preference,
Que vous me rendiez conte & du cœur & des pas,
Que seule ie vous sois ieu, Cour, plaisirs, appas.

AMEDOR.

N'ayant point esperé l'honneur de ce reproche,
Par trop de sentiment ie deuiens vne roche ;
Confus, que puis-ie dire ? ou que viens-ie d'oüyr ?
Doy-ie icy m'excuser, ou bien me reioüir ?
Ie treuue ma victoire en cette douce plainte,
Ma peine & mon plaisir en vne mesme attainte ;
Ce qu'ordonnent vos loix à mes vœux complaisans
Mon seruice eust-il pû l'esperer en dix ans ?
Que l'Amour est subtil à punir vne faute !
Qui fait d'vn châtiment ma gloire la plus haute :
Que vous plaire & vous voir s'appellent mes tra-
    uaux ?
                                        Et

Et mettre vostre amour au nombre de mes maux ?
Madame, à quéls deuoirs cette bonté m'oblige ! ★

* Clari-
mand pa-
roit à la
fenestre,
qui les é-
coute.

CLORINDE.

A souffrir qu'vn congé sur l'heure vous afflige :
Mais doy-ie vous porter à m'estre obeissant :
Helas ! ie me puny, mesme en vous punissant.
Mon Frere me demande, & cette mauuaise heure
Ne vous permét icy de plus longue demeure :
Pour nous entretenir plus à l'aise, & nous voir,
Venez à ma fenestre & m'attendez ce soir ;
On ne court au quartier aucun danger de vie.

AMEDOR.

Les Dieux me l'ôteront auant que cette enuie.

H

SCENE
DEVXIEME.

CLARIMAND. (Seul & descendu de)
(la fenestre.)

Et accord en deux mots me semble des
　　plus beaux ;
Et puis siez des Sœurs à ces Galands
　　nouueaux ?
Tous deux en cette humeur de s'aymer & se plaire
Se donneroient beau ieu, qui les laisseroit faire,
Mais ie leur vendray cher, vn plaisir si heureux,
Et ie seray plus fin qu'ils ne sont amoureux.
Ce ieune Financier, en faueur de la somme,
S'est fait en supputant batiser Gentilhomme ;
Il morgue en Cauallier & fait du reuolté,
La plume sur la teste, & l'épée au côté,
Il sacrifie au Louure, à grand feu se consume,
S'échauffe où teste nuë à la fin l'on s'enrume,
Et croyant sur son bien se rendre plus exquis
Le dépense plus mal qu'on ne l'auoit acquis ;

Il se pique d'esprit, d'amour, de gentillesse,
Et pense par la Dame éleuer sa Noblesse,
Son cheual dans la ruë, en secoüant l'arson,
Superbe semble dire, (Au ieune, au beau garson!)
Mais ce n'est pas dequoy me donner dans la veuë,
Ie veux te voir, ma Sœur, à l'aise & mieux pour-
　　ueuë,
Et vous faisant pezer la charge sur le cou
Rendre l'vne plus sage, en montrant l'autre fou :
Voicy qui poura bien ayder à l'entreprise.

SCENE
TROISIEME.

CLARIMAND, LYZANTE.

CLARIMAND. (Se retirant d'vn pas.)

Si-ce vne illusion, qui mon ame ait
　　surprise :
Fantôme, ou Pelerin venu des pays
　　bas,
Dittes nous en nouuelle, estes-vous pas fort las ?

H ij

Eſt-ce toûjours vous meſme? & deſſous quel auſ-
    pice
Reuenez-vous au Monde aprés vn precipice?
Les Poëtes ſont connus dans la noire Maiſon,
Elle eſt leur promenade, à nous vne priſon;
Ils en portent la clef, & comme par trophée
Vont & viennent d'Enfer deſſus les pas d'Orphée;
Ce Païs eſt mauuais, ie le iuge en ce poinct
Qu'ils y mettent chacun & n'y demeurent point.

LYZANTE.

Ie le porte au contraire, & mon ſort déplorable
Fait vn Enfer du cœur d'vn Amant miſerable;
Où l'yroiſ-ie cercher, ſi ie l'ay dedans moy?
Mes vrais ſupplices ſont ma conſtance, & ma foy,
Qui me forcent, rendant mes peines eternelles,
De mourir en moy meſme, & de reuiure en elles:
Quelques traits que Clytie employe à ma lan-
    gueur,
I'ay plus de fermeté qu'elle n'a de rigueur,
Le deſir de ſouffrir s'augmente par ma peine,
Ma gloire va plus haut, plus elle eſt inhumaine;
Eſclaue volontaire, auſſi vain que conſtant,
Ie baiſeray ma chaine encore, en la portant;
Et puis que mes tourments luy tournent à délices,
Ie la veux obliger par mes propres ſupplices.

CLARIMAND.

J'appreuue ce deſſein, quoy que fort rigoureux :
C'eſt en vain, qu'à mourir on cerche d'eſtre heu-
    reux ;
La mort me ſemble vn port de mauuaiſe retraite,
Le ſage la détourne, & le fou la ſouhaite ;
On abuſe du nom, le mal eſt bien diuers
De mourir en effet, ou de mourir en vers ;
Les Poëtes, les Amans, quand l'ardeur les conuie,
Meurent tous, & iamais ils ne perdent la vie.
Ie ſents vn mouuement, qui me vient exciter
D'entreprendre vn miracle à vous reſſuſciter,
I'entends de vous remettre auec voſtre Maiſtreſſe,
Si i'en ay le deſſein, i'en auray bien l'addreſſe.

LYZANTE.

Et comment amollir ce rocher endurci ?

CLARIMAND.

Par vn moyen facile, en trois mots éclaircy.
Apprenez que Clytie enfin vous eſt contraire
Par les ſeuls mouuements que luy donne ſon Frere,
Qui ce ieune éuenté luy figure à tous coups
Les Poëtes ſans courage, & mis au rang des foux,

Que leur foin, leur esprit n'est qu'en la réuerie,
Que l'art en est honteux, & le nom les décrie;
Et voila le suiet de tout ce traitement
Qu'il a creu qu'on pouuoit vous faire impunément:
Chassez l'opinion dans son esprit emprainte,
Montrez vous courageux, donnez luy de la crain-
te,
Menassez, parlez haut; ce Vaillant à demy,
Pour estre en seureté se rendra vostre Amy:
Or ie sçay comme il faut commencer la brisée,
Par vne occasion heureuse & fort aisée;
Amoureux de ma Sœur, il viendra sur la nuict
Luy parler dés la ruë, en secrét, & sans bruit;
Armez vous, & venez le surprendre sans suitte,
Aussi tost qu'attaqué vous le mettez en fuitte.

LYZANTE.

Mais.....

CLARIMAND.

Qu'auez vous à craindre ?

LYZANTE.

A beau ieu, beau retour.

CLARIMAND.

Rien moins; il n'a de cœur qu'à paraître en amour.

LYZANTE.

Quoy ? s'il ne va iamais sans vns longue brette ?

CLARIMAND

Mon logis vous soûtient , & vous sert de retraite: * (bas.)
Ah ı qu'il est malaisé d'animer vn poltron ·

LYZANTE.

Prendray-ie pas l'écu du moins ou le plastren ·

CLARIMAND.   (bas)

Dieu ! qu'vne infame peur en cét esprit domine !
Il ne faut que l'épée, encore est ce parmine,
Plus pour seruir d'éclat que pour autre besoin.

LYZANTE.

Vous m'accompagnerez , ou ne serez pas loin ?

SCENE
QVATRIEME.

TAILLEBRAS, CLARIMAND, LYZANTE.

TAILLEBRAS. (Abordant le Poëte.)

A Vez-vous fait suer Apollon, & les
  Muses ?
  Leurs graces à ce coup vous font-elles
   insuses ?
Le Parnasse a-t'il pû fournir à mon Cartel
Des homicides vers, vn stile assez mortel ?
L'oreille à chaque mot doit comme estre frappée
D'vn coup de pistollet, de mousquet, ou d'epée,
La rime ne porter que de taille & d'estoc,
Ni les lettres s'vnir qu'au son de chic, & choc ;
Que le poinct soit hardy, la virgule vaillante,
Ne rendez que de sang vostre veine coulante,

Et

Et pour ma gloire il faut , qu' honorant le métier,
Vne peau de tambour vous serue de papier.

CLARIMAND. [Bas]

Il fait plus il en dit , qu' autant moins on en croye ;
Son cœur tremble de peur, & sa bouche foudroye.

LYZANTE.

Si vôtre bras est tel que ie l'ay figuré,
Vous pouuez surmonter tout l'Enfer coniuré ;
Voyez, si le Cartel vous plaira de la sorte,
Et si i'ay bien suiuy l'ardeur qui vous emporte,
Vos sens l'approuueront comme il est reformé ;
Beaurocher s'en verra d'vn seul mot allarmé ;
Pour me vanger de luy i'ay formé ce tonnerre.

TAILLEBRAS.

I'y suis dépeint au moins comme vn foudre de guerre ?

LYZANTE.

Ecoutez seulement.   L'Alcide....

TAILLEBRAS.

Arreste toy ;
Chapeau bas, à genoux , tremble en parlant de moy.

I

CARTEL.

DV CAPITAN TAILLEBRAS A BEAVROCHER. (Lyzaute le liz tout haut.)

'eAlcide Occidental, l'honneur des
   Pyrenées,
La Parque des mortels, qui fait
   leurs destinées,
Qui d'vn bras peut lancer la Terre
   dans les Cieux;
Pour perdre vn Impudent qui déia n'est qu'vn Om-
bre,
Poussé d'vn coup de pied sur la barbe des Dieux
Le fait tomber de là dans le Royaume sombre.

TAILLEBRAS.

Et voila ce qui dûst faire trembler des Roys?
Il le faut reformer encore vne autrefois;
Quoy? tu n'as point parlé de canons, de trompettes?

CLARIMAND.

Sur vn si haut dessein mélez-vous des sornettes?
Ce Cartel comprend tout:* vous le cachez en vain;

*Côme il
faint de le
ꝰ꞊
ꞃꝛꝛꝰ

Ie m'offre à vous seruir, & vous prête la main.

TAILLEBRAS.

La main ? ventre!

CLARIMAND.

Tout doux.

TAILLEBRAS.

Et que diroit la mienne?

CLARIMAND.

Ie verray Beaurocher, & ie feray qu'il vienne.

TAILLEBRAS.

Parlez-vous de Second? ce bras n'en eut iamais.

CLARIMAND.

Non, ie ne trouble point vos exploits & vos faits;
Ie rendray feulement ce billet en main feure.

TAILLEBRAS.

Que ma gloire n'en ait ni honte, ni bleffeure:
Tenez, ie vous remets vn gage precieux...,.

I ij

CLARIMAND. (ſoûriant)

Qui me va mettre au Monde, et vous dedans les
      Cieux.

TAILLEBRAS.

Dans deux heures au plus......

CLARIMAND.

                    Il l'amene, en la ruë.

TAILLEBRAS.

Qu'il ne m'y laiſſe pas long temps faire la gruë.
Et vous, de qui l'eſprit m'aſſiſte en ce beſoin,
Que ie rends de mes faicts le glorieux témoin,
Riual ingenieux, cerchez, dans ma puiſſance
A voſtre courtoiſie une reconnoiſſance ;
Ni ce bras ni ce fer ne ſons iamais ingrats.

LYZANTE.

Ie demande l'épee, & vous laiſſe le bras ,
Par elle ie tiendray ma victoire certaine ,
Elle peut cette nuict me faire Capitaine.

TAILLEBRAS.

Ah! ah!

COMEDIE.

LYZANTE.

N'en riez point.

TAILLEBRAS.

Il dit vray, s'il ne ment;
On deuient genereux à me voir seulement:
Parlez; quoy?

LYZANTE.

I'ay dessein.

TAILLEBRAS.

Sur quelqu'vn

LYZANTE.

Dans vne heure.

TAILLEBRAS.

Ie m'en vay de ce pas luy commander qu'il meure.

LYZANTE.

Autre que moy ne peut aller à ce denoir.

TAILLEBRAS.

Bien doncque, prenez la, voila dequoy le voir;
Mon duel proietté demande vne autre épée:

I iij

Celle-cy fut toûjours en Turquie occupée ;
Il faudroit pour conter tous ceux qu'elle a mis bas,
Figurer mille assaux, vingt sieges, cent combats ;
Du sang qu'elle a versé pour le Roy Catholique
Elle a fait vne mer plus rouge qu'en Afrique :
Qu'est-ce ?

LYZANTE. [met les pieds sur la garde]
[pour la tirer du fourreau]

Tous mes efforts n'ont pû la conuertir ;
Elle est opiniâtre, & ne veut point sortir.

TAILLEBRAS. (La tirant.)

Nouueau sang tous les iours et la tache, & la
fouille.

LYZANTE. (La regardant)

Du sang ? qu'il est épais ; c'est de la fine rouille.

TAILLEBRAS.

Que dis-tu ?

LYZANTE.

Qu'à l'éclat ie me sens tout rauir.*
* parlant
bas.
Puis que l'heure me presse, il m'en faudra seruir.

SCENE CINQVIEME.

AMEDOR, CLORINDE.

AMEDOR. (seul.)

Ve cette nuict est claire, & qu'elle a peu
 de voiles !
Ma flame & mon amour allument les
 étoilles,
Et la Lune à dessein redouble ses clartez,
Pour mieux voir auec moy Clorinde, & ses beautez.
Mille petits flambeaux qui ne font que de naistre
Brillent dedans le Ciel, pour luire à sa fenestre,
Et le voyant ietter tous ses yeux dessus nous
Ma passion les prend pour autant de ialoux.

CLORINDE. (à la fenestre.)

Ie recognoy sa voix, sans doute c'est luy mesme.

LE RAILLEVR

AMEDOR.

C'est vn, qui vient montrer à quel poinct il vous
    ayme;
Que vous dûßiez, Clorinde, asseruti sous vos loix
Connaistre par le cœur plustost que par la voix:

CLORINTE.

L'vne me plaist autant comme i'estime l'autre.

AMEDOR.

Egalement aussi tous deux me disent vôtre.

CLORINDE.

L'heure & la liberté de vous parler icy
Vous disent mieux pour moy mon amoureux soucy.

AMEDOR.

Cette faueur est grande, & ie suis sur la place
Moins pour la receuoir qu'afin d'en rendre grace.

CLORINDE.

*Il monte
sur vn l'ei-
ten pour
atteindre
iusqu'à la
fenestre. Donnez dans l'entretien quelque chose à mes yeux;
Montez vn peu plus haut, & ie vous verray
    mieux. ★

SCENE

SCENE
SIXSIEME.

CLARIMAND, AMEDOR, LYZANTE, CLORINDE.

CLARIMAND.

L E voila ; ie vous laisse.   (Il s'en va)

LYZANTE.   [Seul & armé]

Iray-ie sans escorte ?
Et que ? si Clarimand ne m'ouuroit point la porte ?
Tout maillé que ie suis, pourrois ie soutenir ?
Dieu ! qu'il m'obligeroit deja de reuenir !
Ah ! que i'entre à regret dedans cette carriere !
Je n'ose aller auant, ni tirer en arriere. *

CLORINDE.   [Amedor l'ayant baisée.]

L'excez de mes faueurs vous en fait abuser.

*Il fait
ici les
ctions de
Policeon,
tantost en
s'auançan,
& tantost
reculant,
pour don-
ner le tps
aux autres
de parler.

K

AMEDOR.

I'imite ce rayon qui semble vous baiser.

CLORINDE.

Comme luy vous viendrez, dedans ma chambre
encore ?

AMEDOR.

Ouy, porté du desir vers l'obiét que i'adore;
Mais les ailes manquant, ie me sents arrété;
I'ay bien assez de feux, non de legereté.

CLORINDE.

*Tandis
qu'elle luy
mét ce
brasselet
au brasse-
le dône le
temps à
Lyzante.

Que cerche vostre main dessus mon sein timide?
Mauuais, ce brasselét luy seruira de bride.*

LYZANTE.

C'est trop trembler enfin; sus, il faut commencer:
Mon cœur retient mon pied, quand ie veux l'a-
uancer.

*Criant
tout bas.

Crions donc:* Aux volleurs: C'est trop bas; & la
crainte,
Qui me glace le sang, tient ma voix en contrainte:

Ah !..... Ie n'ofe : il le faut.* Ab ! traiftres, fuyez *Puis leuant la
vous ? voix.

Croiriez-vous euiter & Lyzante & fes coups ?
A moy ; tournez icy.

CLORINDE.

L'alarme eft dans la ruë ;
Sauuez vous.

LYZANTE.

Que i'ay peur ! mais pourtant crions [Tuë ;]
Ah ! i'en tiens déja l'vn.

AMEDOR.

Lyzante, où va ce bruit ?
Que veux-tu ?

LYZANTE.

T'ennoyer en l'eternelle nuict ;
Affaßin , tu mourras.

AMEDOR.

Ce fou paffe à l'outrage.

LYZANTE. [Regardant fi Clarimandit
vient fecourir.]

Vient-il ? s'il n'ouure toft , ie n'ay plus de courage.

CLARIMAND. (Sortant l'épée en main.)

Courage.

LYZANTE. [Le voyant.]

O doux Echo!

CLARIMAND. (Se portant contre Lyzante.)

Qu'il ne puiſſe échapper.

LYZANTE. (Se voyant attaqué par Clarimand.)

Loin de me ſecourir donc il me vient frapper?
Traiſtre, au moins au beſoin ie ſçauray faire gile.

CLARIMAND. (Relevant l'épée du fuyard.)

Receuez ſon épée: & ce lieu pour Azile.

AMEDOR.

C'eſt m'obliger au double.

CLARIMAND

(Bas.) Auancez vous; entrons: *
Que i'ay bien partagé la peur à deux poltrons!

SCENE
SEPTIEME.

TAILLEBRAS, BEAVROCHER

TAILLEBRAS (seul.)

P Ouroit-on difcerner cette épee à la Lu-
ne ?
On diroit que le Ciel éclaire à ma for-
tune;
Les Aftres, pour montrer la gloire qui me fuit
Me font vn fecond iour au milieu de la nuict:
Toutefois la clarté m'eft icy dangereufe,
Le trop de iour rendroit ma fourbe moins heureufe:
Pour tromper vn Brutal, mon ieu le plus certain
Luy met, au lieu depée, vn fleuret en la main;
Ce fer eft fans tranchant, fa pointe eft rabbatuë,
Ie pardonne ma mort à quiconque m'en tuë;
Eft-il Gladiateur, & le Roy des Filous,
Ie le vay bien frotter de fa lame aux vieux loups
Ie l'entends : choififfons la meilleure pofture.

BEAVROCHER. (à part foy.)

Il n'aura pas ofé tenter cette aduenture ;
Clarimand m'aura fait le cercher à credit ;
Son humeur m'en affeure, & le cœur me le dit.

TAILLEBRAS.

Hop ! fça !

BEAVROCHER.

Toutefois ie le voy qui m'appelle,
Et qui fe tient dèia fur fa garde mortelle :
Me voicy, Compagnon ; à l'approche.

TAILLEBRAS. [Le voyant en pofture.]

Tout doux !
Il fe faut battre en forme, Amy, vifitons nous.

BEAVROCHER (Iettant fon pourpoint.)

Ie n'ay que la chemife, & ce pourpoint qui vole ;
Ie te laiffe le bufque à la mode Efpagnole.
Ca, difons en trois mots, en deffenfe.

TAILLEBRAS. (Se voyant preffé.)

Tout beau !

Vous auez longue épée, & ie n'ay qu'vn couteau :
Arme égale ; autrement.....

BEAVROCHER.

Quoy ? tu fuiras, peut estre ?
Poltron, donne le moy; ie te veux battre en Maistre.

TAILLEBRAS. (Tenant l'Épée de l'autre.)

C'est à ce coup enfin que ie suis triomphant :
Mais quoy ? doy-ie employer ce bras contre vn en-
fant ?

(Ils se battent.)

BEAVROCHER.

Sa peau resiste au fer, & le rend inutile.

TAILLEBRAS.

C'est d'autant que ie suis de la race d'Achylle.

BEAVROCHER.

Combats-ie point en songe ? écartons ce sommeil.

TAILLEBRAS. (l'ayant blessé)

Alexandre iamais n'eut le sang plus vermeil.

BEAVROCHER.

Rompons luy la mesure, allons , donnons de taille,
Poussons à tour de bras.

TAILLEBRAS.

Comme Diable il chamaille!
Cerchons vn autre gîte, il fait icy trop chaud.

BEAVROCHER. [Le voyant fuir]

Ah! le Poltron m'échappe, il a gaigné le haut:
Il emporte d'vn coup mon sang & mon épée:
Celle-cy.... Mais que voy-ie? ô vaillance trompée!
O malice du fort: ô sensible regret:
Et ie cerche du sang sur vn simple fleuret?
L'infame doit sa vie à sa lâcheté mesme:
Ah! Clarimand sans doute a fait le stratageme;
Ie luy serts d'instrument, afin de m'outrager:
Sus; il faut punir l'vn, de l'autre se vanger.

ACTE IV.

SCENE PREMIERE.

CLYTIE, AMEDOR, CLARIMAND.

CLYTIE.

I matin : preſſez-vous les Dames de la
ſorte ?
Me chaſſer de mon lict, & faire que
ſ'en ſorte ?
Quand le Soleil, à peine en ſe leuant de l'eau,
Tout endormi regarde encore ſon berceau.

AMEDOR.

J'ay pris, ie le confeſſe, vne grande licence.

CLYTIE.

Qu'on ne peut comparer qu'à mon obeiſſance.

L

AMEDOR.

Importun ie t'oblige; ô l'aymable tourment,
Qui t'ôte le sommeil, et te donne vn Amant;
Voicy qui rend ma faute & douce & legitime;
Sa veuë auprés de toy ne passe pas pour crime.

CLARIMAND.

Du moins suis-ie asseuré que mes yeux innocens,
Pour la blesser, n'ont point de traits assez puissants.

CLYTIE.

C'est vn secrét, qui n'est que pour ma conscience;
Vous n'estes pas de ceux qui péchent sans science.

AMEDOR.

I'ay besoin de repos; adieu, ie reconnoy
Qu'vn si libre entretien se feroit mieux sans moy:
Pour mettre son merite au dessus de l'enuie,
Souuiens toy seulement que ie luy doy la vie;
Et contre ces Amants, auteurs de mon danger,
Ie vous laisse à tous deux le soin de me vanger.

CLYTIE.

L'effect suiura de prés en cela vostre attente:

CLARIMAND (bas, & tandis que Clytie reconduit son Frere.)

Peu de chose le fâche, & bien moins le contente ;
Il se repaist de vent ; qu'vn Poltron desarmé
Le doit rendre à la Cour superbe & renommé :
Il va faire marquer de sang sa cadenette,
Et porter après luy tous les iours vne brette :
Mais ie fay mal icy la charge d'amoureux. *
Que vous auez, Clytie, vn frere valeureux !

Reuerâ à elle.

CLYTIE.

C'est accuser la Sœur de n'estre pas fort belle
De ne songer qu'à luy quand on est auprès d'elle.

CLARIMAND.

Luy vouloir enuier ce peu de charité?
Ce n'est pas estre Sœur dedans l'integrité.

CLYTIE.

Et voila de ces mots qui vous seruent à rire?
Ie connoy vostre humeur ; que vous en alliez dire !

CLARIMAND.

Si peu qu'on m'eust pressé ; pour feindre l'Orateur ;
Il est vray que i'allois faire l'adorateur,

L ij

I'euſſe admiré vos yeux, vôtre ſein, vôtre iouë,
I'euſſe dit que l'Amour ſur vos leures ſe iouë,
Que vos cheueux ſont d'or, & vôtre front d'ar-
　　gent;
Puis ſaignant de languir, d'vn accent negligent
Soûpirant vn diſcours, à genoux, extatique,
Ie vous aurois baiſée ainſi qu'vne Relique.

CLYTIE.

Moy, qui ſuis d'ordinaire inſtruite en ces leçons,
Ie vous aurois payé de mille autres Chanſons;
D'vn ſoûris i'aurois dit, Monſieur, en conſcience,
Auez-vous pour me voir aſſez de patience?
Ie ne ſemble prêcher que triſteſſe & qu'ennuy,
Ie n'ay pas mon viſage, & ſay peur auiourd'huy;
Mon miroir s'en eſt plaint, i'en ay caſſé la glace,
I'ay pris en m'y cerchant preſque vne autre en ma
　　place;
De blanc qu'eſtoit mon teint, vous diriez qu'il pâlit;
Et ſans vous ie ſerois maintenant dans le lict.
　　En effect, pour finir icy la raillerie,
I'y deurois rétourner.

CLARIMAND.

　　　　　Et moy, ie vous en prie;
C'eſt où ie iurerois, en vous baiſant les vras,

Qu'ils font plus doux que marbre, & plus blancs
que vos draps.

CLYTIE.

Ie dirois, la plus froide ainsi que la plus vaine,
Ie vous baisé les mains, n'en prenez pas la peine.

CLARIMAND.

Que ne puis-ie à ce ieu porter noftre entretien
Là nous ferions merueille, & nous ne faifons rien

CLYTIE.

Vous menaffez de loin; & que croiriez-vous faire?

CLARIMAND.

Qui le demande ainsi, le fçait; il faut le taire.

CLYTIE.

Plustôt que perdre en vain le temps à babiller;
Mais qui pourroit bien mieux feruir à m'habiller.

CLARIMAND.

Adieu; c'est doucement chaffer vn qui nous preffe;
I'ay de la complaifance autant que vous d'adreffe.

L. iij

CLYTIE. (Seule)

Jngrat et doux obiét de mon affection,
Dy que i'ay plus d'amour, que toy de passion:
Comme c'est en riant qu'il fait son entreprise,
C'est en riant aussi que ie me treuue prisé;
Mais quelque estrange Eymant qui serue à l'attirer,
Je n'y pretendray rien s'il se gagne à pleurer.

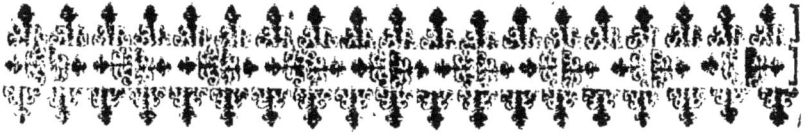

SCENE
DEVXIEME.

LYZANTE,

STANCES.

Orti des flots & de l'orage,
Où l'Amour & le sort preparoient mon
naufrage,
Encore tout mouillé i'arriue dans le port;
Et voyant mon amour de tant de maux suiuie,

Ie beny ce mortel effort
Qui tire mon falut du peril de ma vie.

Enfin ma raifon reuenuë
Se prefente à mes fens comme une image nuë
Dont la viue clarté paffe à mon iugement,
Les charmes de l'oubly par tout s'y vont répandre,
Et d'vn fi grand embrazement
A peine dans mon cœur en connoy-ie la cendre.

Auteur d'auentures funeftes,
Dont le flambeau Amour, ne produit que des peftes,
Des naufrages certains, de volontaires morts;
Tyran delicieux, ie renonce à tes charmes;
Et la tempefte dont ie forts
Me fauue, étaint tes feux, & fubmerge tes armes.

Dans ma retraitte genereufe
Mon ame fe contente, & n'eft plus amoureufe
Que d'vn repos heureux qui fuit la liberté;
I'oublie auec mes maux le langage des plaintes,
Mon efprit goûte en verité
Des plaifirs dont l'Amour ne donne que les feintes.

Porté fur le haut de Parnaffe,
Où iamais on n'entend du foudre la menaffe,

Ni des tristes Amants les pitoyables cris;
Mon esprit va choisir vn immortel Empire,
Et me promets par mes Escrits
Vne seconde vie où mon renom aspire.

SCENE TROISIEME.

LA DVPRE', CLORINDE, CLYTIE.

LA DVPRE'

Aut - il ainsi payer vn salutaire auis?

CLORINDE.

La souffrez - vous, ma Sœur, en ces
honteux deuis?
Son seul aspect feroit soupçonner l'innocence,
Et c'est presque vn peché d'auoir sa connoissance.

CLYTIE.

CLYTIE.

Mais puis qu'elle est chez moy, la pourrois-ie chasser?
Le bien qu'elle nous veut se doit-il effacer?
Sa visite m'oblige, & n'est pas infertile,
N'estant point honorable, au moins elle est vtille:
Quoy? m'avertir icy des ruses d'vn Amant?

CLORINDE.

Ce n'est pas que ie vueille excuser Clarimand;
Mais dessous ce pretexte elle traite en Compagne.

CLYTIE.

Qui ne la connaîtroit seroit bien d'Allemagne.

LA DVPRE'

Vous tranchez de la Reyne, & s'il en faut conter,
Toutes vos actions vont à nous imiter;
Vous blâmez & suivez ce doux libertinage,
Qui flatte la severe, & tente la plus sage;
Mille attraits, que nos jeux en public ont pro-
    duits,
Vous les étudiez dans vos chastes reduits,
Et par vne honteuse & libre flatterie
Ce qui nous est peché vous est gallantterie;

                                                M

Vous imitez nos yeux, nos gestes, nos propos ;
Nous découurons le sein, vous, la moitié du dos :
Nous voyons, sans mêler le Ciel à nos sottises,
Nos Amants dans la chambre, & vous dans les
    Eglises ;
Vos scrupules, vos respects sont plus pernicieux
Que nos déportemens ne semblent vicieux ;
Vous auez l'action & le cœur en conteste,
L'vn des yeux affeté lors que l'autre est modeste ;
Et l'ingrate contrainte où vos vœux sont geinez
Enflame vos desirs, plus ils sont enchainez.

CLORINDE.

Que nos desirs soient grands, quoy qu'on s'en ima-
    gine,
C'est les domter assez, s'il faut qu'on les deuine ;
Vôtre secte, qui cherche où mieux ils paraitront,
Les étalle en discours, les porte sur le front,
Et d'vn mauuais effet en faisant vn bon conte
Vous tirez vanité d'où dépend vostre honte.

CLYTIE.

Vous le prenez, Clorinde, vn peu trop serieux,
Cét entretien seroit bien tôt iniurieux ;
Leur conscience à part, & leur gloire asseruie,
Le siecle fait treuuer des charmes en leur vie :

Qu'appellez-vous? d'auoir sur la bourse d'vn sou
Des diamants aux doigts, & des perles au cou?
Posseder à grand train vne Maison complette:
Faire piaffe au Cours & la Reyne Gillette?
Reposer à l'Eglise en faueur d'vn quarreau?
Marchant, auoir en main quelque Godehureau?
Eriger de son lict sa table, & son domaine?
Et conter de bon temps dix iours en la semaine?
De Pages, de Laquais, de carrosse suiuant
Faire fendre la presse & détourner le vent?
Tirer d'vn Patient iusqu' au toict qui le couure,
Et plus de pensions qu'on n'en retranche au Louure?
Porter dans les cheueux la rose de rubis?
En mettre cent à nud, pour payer deux habits?
Briller sous le drap d'or, & mépriser la soye?
Ne permettre qu'à peine aux festes qu'on la voye?
Affecter à son teint tout ce qui l'embellit,
De iour le masque en chambre, & les gands dans le
    lict?
N'est-ce pas vn peché d'vne aymable teinture?
A leur faute vne belle & riche couuerture?

CLORINDE.

Dans la pompe du train, dans le luxe & le flux.
Il est vray qu'auiourd'huy l'on ne les connoist plus;
Le moindre de leurs pas vaut vn cœur, vaut vne
    ame,

Tant elles sçauent bien contrefaire la Dame.

LA DVPRE'

Les Dames d'autre part aussi nous contrefont,
Ialouses de nous voir plus d'art qu'elles n'en ont;
Portent ainsi que nous la teste à la fantasque;
Ont rallongé la iuppe, & retranché lé masque;
Et si quelque Galland d'elles est visité,
Prennent la Hongreline à la commodité,
Le collét bas ouuert, la simarre à la mode,
Et ce qui sur vn lict n'est iamais incommode:
Mesme à l'occasion font seruir le mimy,
Afin de réueiller quelque chat endormy:
Mais, ce qui plus encore est digne de risée,
L'vne voudra de l'autre estre gallantisée;
Entre elles on n'entend que ces infames noms
d'Amants, de Seruiteurs, de Gallands, de Menons:
Comment vous treuuez-vous auiourd'huy, (mon
    Fidele?)
A peine en luy parlant croit-on que ce soit d'elle:
A luy voir la moustache & les yeux enhardis,
Dom Quichot la prendroit pour vne ieune Amadis,
Et Marays la sifflant à la mode nouuelle
La diroit Damoiseau plustost que Damoiselle;
Pour montrer qu'elle est homme, au moins plus de
    moitié,
Tous leurs mots sont d'amour, & pas vn d'amitié,

Ce Galland contrefait cageolle sa Compagne,
Met toute à la louër l'eloquence en campagne,
Flatte, caresse, admire, adore ses beautez,
Languit, soûpire, meurt par des maux inuentez;
Et se faignant par jeu ce qu'en effect nous sommes,
Elles se font l'amour ne l'osant faire aux hommes:
Diray-ie les poulets, leurs lettres, leur écrit?
A peindre leurs beautez, ce qu'elles ont d'esprit?

CLORINDE.

Ah? fermons luy la bouche, ou ie ferme l'oreille.

CLYTIE.

Elle nous a rendu iustement la pareille.

CLORINDE.

Auec elle ie hay toute comparaison.

CLYTIE.

Cela ne conclud point qu'elle n'ait pas raison;
J'en connoy qui font pis.

LA DVPRE'.

Et seules ie les touche.

CLORINDE.

Et leur honneur m'inuite à vous fermer la bouche.

LA DVPRE'.

Vous me prï'riez pourtant vous mesmes de l'ouurir,
Sçachant ce qu'à vos sens elle peut décounrir;
Venuë à ce dessein sans que l'on m'interrompe,
Pourray-ie dire ?.....

CLYTIE.

Quoy?

LA DVPRE'.

                    Que Clarimand vous trompe;
Traittant l'vne d'amour, & l'autre de douceur,
Qu'il ioüe en mesme temps sa Maistresse, & sa
     Sœur;
Beaurocher qui m'enuoye a reconnu sa ruse,
Et ne peut plus long-temps souffrir qu'on vous
     abuse:
Treuuant sur toutes deux dequoy se diuertir
Le Traistre sçait vos vœux, & feint d'y consentir,
Il regale Amedor, cerche à luy rendre office;
Mais tous ces beaux effects sont pieces d'artifice.

CLYTIE.

Nous connoiſſons déia ſa portée & ſes coups.

CLORINDE.

S'il faut ſe declarer franchement parmy nous,
Il eſt vray qu'à deſſein de vous rendre proſpere,
Moy meſme il m'a portée à ioüer voſtre Frere;
Mais en le captiuant i'ay bâty ma priſon.

LA DVPRE.

Beaurocher à vos maux promét la gueriſon;
Pour tromper vn Trompeur il fera ſon poſſible.

CLYTIE

Et plus qu'il ne croiroit, s'il nous le rend ſenſible.

SCENE
TROISIEME:

TAILLEBRAS, CLYTIE,
CLORINDE, LA DVPRE'.

TAILLEBRAS.

DEs hommes & des Dieux, l'amour, &
  la terreur;
Qui reçoit le tribut des Rois, de l'Em-
  pereur;
Qui soûtient le Turban, quand il veut le renuersé;
Et de qui le Sophy releue dans la Perse;
Que le Tartare craint; à qui le grand Mogor
A fait dresser Idole & des Images d'or;
Qui tient assuietti le Ciel, la terre, & l'onde,
Et d'vn doigt fait mouuoir toute la Masse ronde;
Qui semble estre, à qui voit ses triomphes diuers,
(Comme il en est l'honneur,) l'Ame de l'Vniuers;
Qui tient l'ambition sous ses pieds étouffée;

Vient

Vient icy vous offrir les marques d'vn trophée ;*
Qui montrent defarmé l'Impudent Beaurocher;
Que ce bras, le pouuant, n'a pas voulu hacher.

*Faisant
vne grade
reuerence
à Clytie,
&luy pre-
fentãt l'é-
pée de
Beaura-
cher.

CLYTIE.

Gloire des Champions, Createur des merueilles.

TAILLEBRAS.

Que ne puis-ie à ces mots emprunter mille oreilles !

CLYTIE.

Puiffant Mars Efpagnol, genereux Palladin ;
Que vous prenez de peine à faire le badin !

TAILLEBRAS.

Encore vn terme, ou deux ; & i'eftois en extafe :
Mais vous quittez le ton, & fortez de l'emphaze

CLYTIE.

C'eft toy mefme pluftôt qui fors de la raifon,
More, à qui ie deffends ma porte & ma maifon,
Maiftre fou, qui deurois auoir place aux Petites,
Portes y cette épee & tes diuins merites.

TAILLEBRAS.

Quoy ? refufer vn don ? que la Reyne.....

N

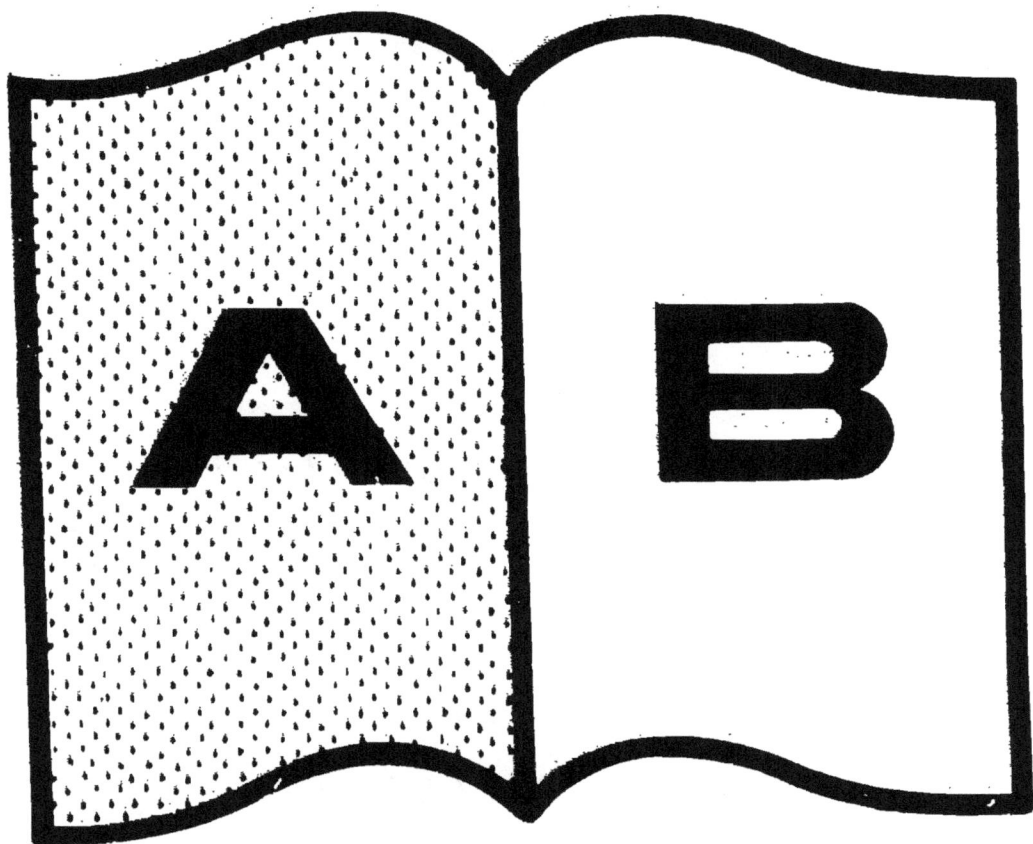

Contraste insuffisant

NF Z 43-120-14

CLYTIE.

Tais toy,
Va, fuy tes Reynes d'ombre, ainſi que l'eſt ta foy.

CLORINDE.

C'ét outrrge eſt ſanglant, & paſſe vn peu les bornes.

TAILLEBRAS.

Ah! ventre! on ne me fait iamais deux fois les cornes:
Et l'épée, & mon cœur, que l'Ingrate rendra,
Soient donc à celles-cy, qui des deux les voudra.

CLYTIE.

Il vous croit enrichir d'vn bien qui m'importune.

TAILLEBRAS.

Les yeux clos, i'en remets le choix à la fortune.

LA DVPRE'.   [à Clorinde.]

Madame, par honneur ie vous cede ce don.

CLORINDE.

Ie mépriſe vn treſor qu'on mét à l'abandon;
L'humeur & le preſent de ce grand Perſonnage
Font ornement chez vous, ſont pieces de menage;

Sa mouſtache poura dans le Temple d'Amour
Seruir d'épouuentail aux Oyſeaux d'alentour;
Le commerce au ſurplus en a ſouuent affaire.

TAILLEBRAS.

Et quoy? ce iugement eſt il encore à faire?

CLORINDE.

Le refus eſt faueur à qui n'y pretend rien.

TAILLEBRAS.

A qui? deux fois, à qui?

LADVPRE

Ie l'attends; il eſt mien.

TAILLEBRAS.

Et l'épée, & le cœur; ie vous les donne enſemble.

LADVPRE

Ie chery la valeur, & ce qui luy reſſemble.

TAILLEBRAS.

Le ſort eſt complaiſant à mon affection;
Sans luy, vous me gagniez par mon election:

Vantez vous auiourd'huy d'auoir vn Alexandre,
Qui perd vos Ennemis & les reduit en cendre.

CLYTIE.

Sans doute il mét le Maiſtre icy pour ſon cheual,
Bucephale à gourmette, au prix de ſon Riual.
Mais le voicy qui vient; voyons chanſe nouuelle :
Son ſeul abord l'effraye, & le tient en ceruelle.

SCENE
CINQVIEME.

AMEDOR, TAILLEBRAS, BEAVROCHER, CLYTIE, CLORINDE, LA DVPRE'

AMEDOR. (Mouſtrant le Capitan à Beaurocher.)

E voicy iuſtement où ie l'ay demandé.

TAILLEBRAS. (Bas)

L'Enfer eſt auiourd'huy contre moy debandé:

Ie voy là mon Demon, de qui l'aspect me tuë,
Il faut que mon courage à ce coup s'éuertuë.

BEAVROCHER.

Luy doy-ie pas caffer fon fleuret fur le dos?

TAILLEBRAS. (bas.)

Ie fents déia fremir de crainte tous mes os.

AMEDOR. (L'abordant)

N'auez vous iamais veu ni tenu cette lame?
Et traiftre ......

TAILLEBRAS.

Qu'on m'écoute, auant que l'on me blâme.

AMEDOR.

La prefter à Lyzante, & pour m'affaffiner?

TAILLEBRAS.

I'ignorois fon deffein; qui l'euft pû deuiner?

BEAVROCHER.

Et celuy, de m'ôter mon épée à ce change,
Te fut-il inconnu comme il nous femble étrange?
Ce fleuret?

CLYTIE.

Ah le tour n'eftoit pas mal plaifant.

N iij

LE RAILLEVR.

BEAVROCHER.

Est-il à te conuaincre vn témoin suffisant?

CLORINDE.

Le voila tout muét, & froid comme vne souche.

CLYTIE.

Luy, qui n'auoit tantost pas moins qu'vn flus de bouche.

BEAVROCHER.

Quoy? tu ne répons rien?

AMEDOR.

Son silence y consent.

CLORINDE.

Nagueres pour vn mot il en eust donné cent.

BEAVROCHER.

Parle.

AMEDOR.

Il n'en feroit rien, pour le sceptre des Gaules.

BEAVROCHER. (Le frapant)

Non? ie feray du moins répondre ses épaules.

TAILLEBRAS.

Ah! ventre.

LA DVPRE'.

Donnez grace à mon Amant nouueau.

AMEDOR.

Qu'il paroît effronté, mesme à faire le Veau.

BEAVROCHER.

Amant? vôtre fortune est hautement camplée.

LA DVPRE'

I'ay pour gage asseuré son cœur, et cette épee;
Qu'au refus de Clytie il est venu m'offrir.

CLYTIE.

Elle luy prend l'épée voyãt que c'est la sienne.

Et par des vanitez que ie n'ay pû souffrir:
On euft dit qu'il venoit des conqueftes fameufes
Du Perou, du Brefil, ou des Ifles heureufes;
A fon dire, il fortoit d'vn triomphe formé,
Et fon bras glorieux vous auoit defarmé.

CLORINDE.

Son orgueil en eftoit furieux & fauuage.

TAILLEBRAS. [Bas.]

Tais toy, mon Ame; fouffre, auale ce breuuage.

BEAVROCHRE.

La patience enfin m'échappe à cette fois ;
Il faut que sur son dos ie luy casse des noix ;
Le seruir du fleurét au lieu de bastonnades.

TAILLEBRAS.

Quoy ? si peu de respect à tant de canonnades ?
Ce dos, si l'on le touche, aux ressorts du cliquét
Vomira contre vous cent bâles de mousquét.

BEAVROCHER.

Ie luy veux seulement tailler vne cuirasse.

TAILLEBRAS.

*Comme
on le frap. Hola :.... que si l'honneur souffroit que ie iurasse.*
Ouy, ventre, teste, mort ! on me roüe ; au secours.

LADVPRE.

Cher Amant, regardez, au moins comme i'y cours :
De grace, en ma faueur laissez luy prendre haleine.

TAILLEBRAS.

Sans armes ? sans bâton ? l'action est vilaine ?
M'attaquer à main forte ;

AME-

AMEDOR.

> En est-on sur cela?
> Ne faut-il qu'une épée: ah! tenez; la voila: ★
> Courage, Beaurocher; le poltron y veut mordre.

TAILLEBRAS. (Remettant son épée au fourreau.)

*Il luy rend son épée propre.

> Non; ie suis, Dieu me damne! ennemy du desordre:
> Deuant elles ce fer sçait qu'il est deffendu.
> Mille graces à vous qui me l'auez rendu. ★

* Apres auoir fait vne prade reuerece à Amedor, & au reste de la cópagnie, il s'en va.

CLYTIE.

> Et bien vit-on iamais telle galanterie?

CLORINDE.

> Ie pense voir vn charme, ou quelque momerie.

LA DVPRE'

> Le plaisir m'en est double, & i'y gaigne vn Amant.

BEAVROCHER.

> Ces troubles nous sont tous donnez par Clarimand;
> Mais puis qu'aucun respect ne l'en a pû distraire,
> Iurons tous contre luy, faisons ligue contraire;

Si vous suiuez mes soins, d'vn conseil entrepris,
Celuy qui veut tromper, luy mesme sera pris ;
Je pretends de donner par vn coup de partie
A Clorinde Amedor, Clarimand à Clytie.

AMEDOR.

Trauaille, ie te prie, à ce commun desir.

BEAVROCHER.

Il faut prendre le temps ; & ie le vay choisir.

ACTE V.

SCENE PREMIERE.

CLARIMAND, BEAVROCHER.

CLARIMAND. *(Tenant en main vne lettre que Beaurocher luy a faite pour Clytie.)*

O N ne peut faire mieux ; cette diuine
    lettre
A les plus doux appas que l'on y pouuoit
    mettre ;
I'admire ton esprit plein de subtilitez ;
Eust-on creu cellecy parmy tes qualitez ?
I'apprends qu'également vn double feu t'alume,
Et celuy de l'épee, & celuy de la plume,
Que tu sçais doucement sur vn stile flatteur
Escrire en Cauallier, & non pas en Auteur ;
Ie n'ay veu là dedans terme qui ne rauisse.
Mais il faut acheuer ce notable seruice ;

                O ij

Et que la mesme main qui décrit ma langueur,
Comme sur ce papier, l'imprime dans son cœur:
Va doncque vers Clytie accomplir ce message;
Tu n'es pas des nouueaux en cét apprentissage;
Pour la persuader, que ton esprit second
Assiste ce poulét, luy serue de second;
Crois-tu qu'il puisse plus vers elle que ma bouche?

BEAVROCHER.

Tondez-moy, si ce trait ne vous mét dans sa couche:
Celle, qui sans rougir peut combatre, se rend;
La viue voix l'offence, & l'écrit la surprend;
Le seul ou y difficile, alors qu'on le marchande,
Leur fait honte à donner, plus à qui le demande;
L'écrit les porte au but, sans voir qu'elles y vont,
Et fait ioindre les corps quand les esprits le sont.

CLARIMAND

La liziere à la fin vaudra mieux que l'étoffe;
Comment? c'est raisonner en demy Phylosophe;
Le Galland parle mieux encore qu'il n'écrit;
As-tu chez Camusat dérobé cet esprit?
C'est du stile plus fin qui soit dans sa boutique,
Où les plus Puritains en forment la pratique:
Ie puis tout esperer par vn tel Confident;
Va, parle, fay, défay; mon bien est euident.

BEAVROCHER.

Sinez, donc au deſſus.

CLARIMAND.

       Et qu'eſt-il nèceſſaire ?
Le nom dans vn poulet ſe cache d'ordinaire.

BEAVROCHER.

Le vôtre le confirme, & me doit auoüer
Vers vne qui vous croit d'humeur à la ioüer ;
Ce nom contre vn ſoupçon aura beaucoup de force,
Et ne luy ſera pas vne petite amorce.

CLARIMAND.

Te plaindrois-ie en cecy quoy qui te puiſſe ayder ?
Sin, procure, tranſport ; tu n'as qu'à demander.

BEAVROCHER. (*En tournant la fueille de papier, & preſentant l'autre fueillet.*)

CLARIMAND.

      Que tu fais de miſtere ! *
Eſt-il ſelon tes vœux, & d'vn bon caractere ?

                                  * Puis l'a-
                                  yant écrit
                                  & luy pre-
                                  ſentant.

BEAVROCHER.

Ouy, vous eſtes déia dans ſon lict, autant vaut.

              O iij

CLARIMAND.

Adieu, conduy le reſte.

BEAVROCHER. (Seul)

Il eſt pris comme il faut.
Son mariage fait n'attend plus que la Meſſe,
Luy meſme en a ſiné l'accord & la promeſſe;
I'ay mis ſubtilement ſur vn double fueillét
D'vn côté la promeſſe, & de l'autre vn Poulét;
Iamais invention ne fut mieux terminée,
Il a leu celuy-cy, mais l'autre il la ſinée;
Seulement ſur mon gand i'ay tourné le papier:
Fauſſaires, apprenez, de moy voſtre métier;
Quelque ſubtilité qu'à vos eſprits l'on donne,
Ce tour auprés de vous merite vne couronne.
Mais coupons ces fueilléts qui ſont ſi differents:
Quel ſervice, Clytie, auiourd'huy ie te rends!*

SCENE DEVXIEME.

LA DVPRE', TAILLEBRAS, BEAVROCHER.

LA DVPRE'.   *(Monſtrant Beaurocher au Capitan.)*

Oicy voſtre ennemy, mais qui n'eſt plus
à craindre.

TAILLEBRAS.

Le reſpect de mon nom enfin l'a ſceu contraindre:
Il eſt braue pourtant, ie l'ayme infiniment.

LA DVPRE'.

Ie m'en vay luy porter pour vous ce compliment. *   * Abordãt
Des papiers? vne plume ? ô Dieu! l'homme d'af-   Beaure
    faire!   cher
Beaurocher deuiendra de Courtiſan Notaire.

BEAVROCHER.

I'en viens de pratiquer au moins vne action;
Qu'on ne sçaura qu'au poinct de sa perfection.
Mais parlons de vous-mesme : Et bien i'ay veu vô-
   tre homme,
Que i'ay, comme vn enfant, appaisé d'vne pomme;
Il ne faut que flatter vn peu cet Arrogant,
Vous le rendez traitable & plus souple qu'vn gand;
Le party seroit riche; & vous sçauez la mode;
On souffre pour le bien quelque humeur incommo-
   de
La plus fine à ce ieu sçait elire le sien,
L'vne épouse vn Mary, l'autre épouse le bien;
On mettra celuy-cy doucement dans la route.

LA DVPRE'.

Tu dis vray; le voila; parle bas; il écoute.

BEAVROCHER.

Ie feray bien iouer le reste des ressorts :
Il vous attend; adieu; l'heure presse, ie sors.

TAILLEBRAS. (Le voyant partir.)

Adieu, mon Gentilhomme.

LA

LA DVPRE'.

Vne affaire l'appelle.

TAILLEBRAS.

Sans doute vn coup d'épée, ou quelque autre que-
relle ?
Son courage toûjours le porte dans les coups.

LA DVPRE

Il est de nos Amis, & vaillant comme vous ;
Il n'est point d'escrimeur qui sous vous deux ne
tremble ;
Et ie l'aime bien plus, d'autant qu'il vous ressemble.

TAILLEBRAS.

Quelle Dame eut iamais le sentiment plus sain ?
Ie vous treuue l'esprit aussi beau que le sein,
Vos vertus sont l'honneur du sexe & de nôtre âge ;
Quoy? vous estimez donc les hommes de courage ?
Ah ! ventre, voicy bien chaussure à vôtre poinct :
Moy, qu'en chemise on voit plus souuent qu'en
pourpoint,
Qui gâte plus de prez à faire boucherie
Qu'on n'en mange par an dans la grande Escuyrie :

P

LE RAILLEVR

Ma dextre, qui n'a point dégale ni de prix,
Souffre à peine sa Sœur, & la tient à mépris :
Cent fois elle l'auroit inutile coupée,
Sinon qu'elle me sert à mieux tenir l'épée,
Et qu'estant du costé qui demande, (En veux tu?)
Par droit de voisinage elle a quelque vertu.

LA DVPRE'

Tout respire sur vous valeur, guerre, & bataille :
Que i'admire ce port ! que i'ayme cette taille !
Ce visage de feu, ce front, ces yeux ardents
Montrent qu'vn grand courage est enclos au de-
dans.

TAILLEBRAS.

Ah! ce trait delicat me chatoüille & me pinse.

LA DVPRE.

Vous auez l'air Royal, & la iambe d'vn Prince.

TAILLEBRAS.

Qu'elle découure bien tout ce que i'ay de beau!

LA DVPRE'.

Que ce corps de Geant rempliroit vn tableau!
Appellons Ferdinand, que ie vous fasse peindre!

Je doute s'il pourroit à vos graces attaindre:
Allons à cet effect l'attendre au cabinet.

TAILLEBRAS.

Il faudroit pour me peindre un second Freminet,

SCENE TROISIEME.

CLARIMAND, BEAVROCHER.

CLARIMAND.

NE me vends point si cher ma fortune à
l'attendre;
Le vent est-il heureux, dy, que puis-je
pretendre?
Que faut-il esperer?

BEAVROCHER.

Ce qu'un Victorieux
Qui soûmet une Ville à son ioug glorieux:

Cette place renduë ouure à vos vœux la porte;
*Luy mô-
ttant vne
lettre. Mesme en voicy la clef que ie vous en apporte;*
Clytie en ce papier vous engage sa foy.

CLARIMAND.

Et ie puis adorer vn autre Dieu que toy?

BEAVROCHER.

Que d'assaux de ma part! combien de resistance!
Voicy qui vous dira ma peine, & sa constance.

CLARIMAND.   [Ouurant la lettre.]

Quel excez de bon-heur! ah! ie me sens saisir,
Et ie manque de vie à force de plaisir:
Vn peu d'eau sur le feu d'vne amoureuse ioye.

BEAVROCHER.   [Parlant bas.]

L'orage n'est pas loin; garde qu'il ne te noye.

LETTRE SVPPOSE'E DE
Clorinde à Amedor.

(Que Clarimand lit haut.)

SI ma honte ne cedoit à vos charmes, & si mon amour n'estoit plus puissante que ma crainte, vous n'auriez pas ce témoignage que ie vous enuoye de vostre victoire entiere sur mes sens. Vous auez eu pourtant dans ce combat moins de force à me vaincre, que moy de volonté d'estre vaincuë : & i'ay cette asseurance encore de vous appeller à mes dépoüilles & à vostre proye. Venez donc en ce lieu sur le Midy, cueillir les fruicts d'vne amour que mon Frere Clarimand n'approuue point, que l'honneur me deffend, mais que ma passion plus forte ne peut refuser à Amedor. CLORINDE.

AMEDOR.

Quel Astre, quel Demon, quel sort malicieux
Me fait lire ma honte, & l'expose à mes yeux ?
Traistre, tu changes donc la faueur en outrage ?

BEAVROCHER. (Bas)

Il le faut quelque temps laisser en cet orage.

CLARIMAND.

Quoy ? ce billet recherche vn autre possesseur ?
Il m'a promis Clytie, & luy liure ma Sœur ;

Et par l'effect honteux d'vne vaine asseurance
Ie voy le fruict d'vn autre où fut mon esperance?
Ah! perfide; les traits de mon ressentiment.....

BEAVROCHER.

*Luy mö-
trent vne
autre let-
tre.

Pour moy se changeront sur l'heure en cöpliment:
Voicy qui vous va rendre & l'espoir, & la vie,
Que ce premier billet vous a presque rauie,
Clytie en ses faueurs dissipera ce fiel;
Souffrez qu'aprés l'Enfer ie vous ouure le Ciel;
Il falloit moderer l'excez de vos delices;
Et i'ay fait à dessein ces petites malices.

CLARIMAND (Receuant vne seconde lettre)

Ie voy tous mes plaisirs sous vne autre couleur;
Las! ils ne courrent pas la moitié du malheur;
Le feu de ces Amants est de l'eau pour ma flame;
Puis-ie appreuuer en moy ce poinct qu'en eux ie
blâme?

BEAVROCHER.

Ce poulet dans vos mains, & n'estant pas donné;
Pourquoy faire si fort le froid & l'étonné?
Ie ne m'en suis chargé, qu'afin de vous le rendre,
Et preuenir en mal qui ne peut plus surprendre.

CLARIMAND. [Se resoluant.]

Ton esprit, cher Amy, m'oblige encore moins
Aux faueurs que i'attends que dans ces autres
    soins.

BEAVROCHER.

N'auois-ie pas predit qu'on me feroit caresse ?

CLARIMAND.

Ouy, Méchant.... Mais Clytie accuse ma paresse
Lisons ce cher écrit si long temps differé,
Et goûtons par les yeux vn plaisir esperé.

LETTRE DE CLYTIE
à Clarimand.

Qvelque impression difficile, cher Amant, que
voftre hume ir legere ait faite en mon esprit, &
de quelque ieu dont le vôtre l'ait entretenu, ie ne
feint point auiourd'huy d'auoüer, que i'ay quité mes
froideurs à mesure que vous estes sorti de vos feintes.
Les gages que vous m'enuoyez, & les raisons de vôtre Confident, ont arraché comme par force de
moy ce consentement, que ma seule inclination
vous eust donné, si vous en eussiez recherché les for-
mes par vne affection toute ouuerte. Maintenant que

vous estes declaré, ie n'attends qu'à vous receuoir
entre mes bras, & vous montrer par mes caresses vne
amour qui fut tousjours extreme, & qui n'a rien de
comparable que vostre merite. Venez doncque vous
asseurer d'vne possession acquise, & me faire treuuer
en vos effects vn contentement qui acheue celuy des
paroles.   CLYTIE.

BEAVROCHER.

Et bien ; sçay-ie operer à la façon commune ?
Eußiez vous attendu sans moy cette fortune ?

CLARIMANE.

Icy ma paßion confeße te deuoir
Tous les contentemens que ie vay receuoir ;
Ah ! que cette faueur à deux ne se partage !
Tu prendrois la moitié de ce doux heritage.
Mais elle plaint ce temps qui paße à difcourir :
Adieu ; difpenfe moy ; va ; laiße moy courir.

BEAVROCHER.   (Le voyant en allé)

Qu'il fe hâte à cercher fon malheur en fa fource !
Il treuuera fa honte au bout de cette courfe :
Mais donnons luy du moins le temps d'eftre deceu,
Et cachons vn affront lors qu'il n'eft pas receu.
                                        SCENE

SCENE QVATRIEME.

CLYTIE.

V'il ait contre mes sens dressé sa trom-
    perie,
Ie le tiens le pipeur dedans sa piperie,
Il ne peut échapper à ce filet tendu
Où (voulant l'éuiter) luy mesme s'est rendu,
Vne promesse en forme, & de sa main signée
Sert de gage & d'espoir à ma flame obstinée,
Beaurocher a l'effect de ce qu'il entreprit,
I'admire mon bon-heur autant que son esprit:
Amour nous autorise, & permet que la ruse
Ayde à gagner vn bien quand le sort le refuse;
Pourueu qu'on soit heureux, il n'importe comment:
Ie ne suis pas d'humeur à garder vn tourment,
A manger du charbon, des cendres, de la cire,
Plustôt que de lâcher vn mot qu'on n'ose dire;

Q

Sans faire la suerée en vn poinct resolu
Qu'on lise dans mes vœux que ie l'ay bien voulu;
Cette seuerité me rendroit mal apprisé
Pour vn si vain respect si ie lâchois la prisé.
Mais voicy Clarimand : preparons nous vn peu
A le bien receuoir, & couurir tout le ieu.

SCENE CINQVIEME.

CLARIMAND, CLYTIE.

CLARIMAND.

Vn soûris vous sied mieux qu'à faire
la farouche;
Vos yeux par mille attrais parlent
pour vôtre bouche;
Ce langage est muét, & mon cœur seulement
A le droit de l'entendre en ce doux mouuement;
Qu'est ce que ce regard ne me semble promettre?
Où mon espoir est peint mieux que dans vôtre lettre,

Où tous mes sens ravis d'ardeur & de plaisir
S'attachent pour y lire un amoureux desir.

CLYTIE.

Quelque trait qui paraisse en ma flame élancée,
I'en garde le meilleur au fonds de la pensée;
Et l'effect qui bien tôt suivra ma passion
Vous montrera mes vœux & mon intention : *
Pardonnez à mon front, s'il faut que ie rougisse,
Et qu'vne honneste honte encore la regisse,
Donnez la liberté du moins à ma pudeur
Qu'en vous montrant mes feux elle en cache l'ar-
  deur;
Ie redoute vos yeux d'en temps, & les desire;
Ah! fuyons ces témoins ..*.. C'est trop feindre sans
rire.

    *Elle feint
    de se reti-
    rer.

CLARIMAND. [Se tournant aussi de l'autre] côté, & parlant bas.

Sa raison reprend force, & la veut secourir?
Que cét honneur combat, auant que de mourir!
I'expire pourtant; & venuë à ce terme
Sa constance paraît plus honteuse que ferme.

*Elle fait
semblant de
le cacher
en se tour-
nant de
l'autre côté
& puis dit tout
haut.

CLYTIE. [Reuenant à luy.]

Vne crainte restoit, que ie viens d'étouffer;
Maintenant absolu vous pouuez triompher.

      Qij

CLARIMAND.

Ah ce triomphe offert augmente mon seruage,
Et d'vn Empire acquis ie tombe en esclauage ;
Ma victoire est la vôtre, & vos combats soufferts
Changent par vos appas mes Myrthes en mes fers ;
I'ayme tant la douceur de force accompagnée
Que ie me suis perdu quand ie vous ay gagnée ;
Ce pouuoir dessus vous m'en ôte plus sur moy ;
Loin de vous la donner ie receoy vôtre loy ;
Et cét amour, qui meurt dedans la ioüissance,
Va prendre en vos faueurs sa seconde naissance,
Il m'attache d'vn nœud qu'on ne rompra iamais.

CLYTIE.

C'est bien dans mon dessein ce que ie me promets ;
Vn serment toutefois m'asseure vôtre flame.

CLARIMAND.

Ie iure par le Ciel, que ma bouche reclame.

CLYTIE

Que vôtre foy tiendra ce qu'elle m'a promis ?

CLARIMAND.

Ou que ie puisse auoir les destins ennemis.

CLYTIE.

De parole, ou d'écrit?

CLARIMAND

Et mesme de pensée.

CLYTIE.

Mon amour à ce prix est trop recompensée.
Mais entrons au logis, quelqu'un semble approcher.

SCENE
DERNIERE.

CLARIMAND, BEAVROCHER,
CLYTIE, AMEDOR, CLO-
RINDE, LA DVPRE',
TAILLEBRAS.

CLARIMAND.　(Voyant Beaurocher suivi
de quatre autres.)

Quoy trainer ce monde? où viens-tu,
Beaurocher?

BEAVROCHER.

Les faire tous de feste, entrer en vôtre ioye,
Partager la faueur que le Ciel vous enuoye,
Lire vôtre Contract, & nous rendre témoins
D'vn mariage heureux que vous sçauez le moins.

CLARIMAND.　　[Luy parlant bas.]

Que ton extrauagance à ce coup m'importune!
En cette folle humeur va parler à la Lune;

On retire plustôt, afin de m'obliger,
Ceux dont l'abord icy ne peut que m'affliger;
Ah! que j'estois heureux sans ce fâcheux obstacle!
Qu'on me rompt vn beau coup!

BEAVROCHER. [Tout haut en riant.]

Vous eussiez fait miracle:
A d'autres, Clarimand; quittez cette fureur;
Il est temps de sortir d'vne si vaine erreur;
La fortune pour vous change & tourne sa roüe;
Vous joüez tout le monde, auiourd'huy l'on vous
   joüe;
Vous souffrez pour Clytie: & vous serez guery,
Vous la possederez, mais comme son Mary;
Qu'vn dessein plus honneste à la fin vous engage,
Confirmez vostre foy dont ie porte le gage,   *Luy mē-
Voyez cette promesse, & connaissez le fin,   trant la
Lisez, sans y toucher, de crainte d'vn larcin: promesse.

CLARIMAND. (Ayant leu la promesse

O Ciel! & qui pût faire vne telle malice?

BEAVROCHER.
                                                    *Luy mō-
                                                    trant Cly-
                                                    tie.
Vous en voyez l'auteur,* en voicy la complice:
Je vous la fis siner, au lieu de cet écrit
Qui subornoit Clytie, & dont elle se rit.

CLYTIE.

Aüoüez, Clarimand, sa fourbe & ma victoire,
Estouffons dans les ris cette plaisante histoire;
Pour nous ioindre, voyez que le Ciel a permis
Que vous fussiez trahi par l'vn de vos Amis :
Ie veux, bien qu'en mes mains vôtre destin balance,
Vous gagner par amour non pas de violence,
Et ce fruict, qui me vient de sa subtilité,
Ie ne le veux deuoir qu'à ma fidelité.

CLARIMAND.

Que d'étranges succez, ô Dieu que de merueilles
Me rauissent les yeux, le cœur, & les oreilles :
Le Ciel visiblement opere en cét effect.

BEAVROCHER.

Montrât Amidot & Clorinde. Et produit à ce iour vn miracle parfaict : ★
Ces deux Amants vnis, sur vostre foy donnée
Vont chanter à l'antique vn Io Hymenée;
Pour eux, comme pour vous, i'ay cerché ce mo-
ment,
Qui fait naistre vos feux & finit leur tourment;
Taillebras au festin, où son ardeur l'emporte,
Vous seruira de Suisse, & gardera la porte.

TAN-

TAILLEBRAS.

Quoy? me croit-on de taille à garder le mulet?
Moy, qui dedaignerois vn Prince pour valet.

BEAVROCHER.

Son mariage icy, quoy qu'il faſſe & qu'il die,
Viendra comme la farce aprés la Comedie :
Pour faire triompher & la ioye & l'amour,
Il faut que nous ayons trois nopces:en vn iour ;
I'ay deia mon habit & mes ſouliers de danſe :
Vous ſerez de ce branle & ſuiurez la cadence ;
Vous defray'reʒ le bal où nous vous appellons.

CLARIMAND.

Ouy, i'en pay'ray bien cher au moins les violons;
Mais par contagion s'il faut faire la beſte,
Ie ne puis éuiter d'eſtre val't de feſte :
Ie releue, Amedor, icy vôtre intereſt.

AMEDOR.

Bien plus ; vous me rendez la vie en cét Arreſt,
Puis qu'vn commun accord doit faire que i'obtienne
Vôtre Sœur en partage en vous donnant la mienne :
Les biens aux deux partis ſont aſſez de raiſon,
Et nous ferons des deux vne ſeule Maiſon;

R

Quoy que l'on puiſſe ôter ou ioindre à mon eſtime,
Vne ſi ſain<e amour rend mon vœu legitime,
Et Clorinde auoüra que iamais vn Amant.....

CLARIMAND.

Ne fut plus aſſeuré de ſon conſentement ;
Sans l'en interroger, & ſans que ie la preſſe,
Il eſt dans ce poulét écrit en forme expreſſe.

CLORINDE. (Prenant la lettre que Clarimand luy tend.)

Vn poulét ? de ma part ? quelle malice ? ô Dieu !

CLARIMAND.

Faignez, iurez, il faut le nier en ce lieu.

CLORINDE.

Iugez ſans paſſion d'vne telle impoſture,
C'eſt mon ſtile auſſi peu que c'eſt mon écriture ;

CLARIMAND.

Ie connoy mon erreur.

BEAVROCHER.

Et moy la verité,
Remerciez l'auteur de cette charité :

Ce Billét contrefait vient du Bureau d'adreſſe,
Et de la meſme main qui fit voſtre promeſſe;
Ces deux traits m'ont vangé de mon ſang épanché.

CLARIMAND. (Regardant le Capitan.

Le poltron fit le mal ; i'en laue le peché.

LA DVPRE'

Epargnez, mon Amant ; qui noble, de ſa vie
Ne fit mal à perſonne, & n'en a point d'enuie.

TAILLEBRAS.

Feindrois-ie d'auoüer comme ie l'ay duppé?
Puis qu'icy tout le monde eſt trompeur ou trompé.

CLARIMAND.

De peur qu'aucun de nous contre l'autre ne crie
Commençons à tourner le tout en raillerie ;
Et puis que mon eſprit à la fin ſe reſout,
Embraſſons nous, mon Ame, il faut rire de tout.

CLYTIE.

C'eſt maintenant qu'au vray vous poſſedez Clytie.

LE RAILLEVR.

BEAVROCHER.

Tous se baisent ; & moy ie reste sans partie :
Puis-ie ayder à quelqu'vn de second dans ces jeux ?
A mon tour, Capitan ; vous en auez pour deux.

LA DVPRE   [Le baisant & luy parlant bas.]

Et le reste seroit encore vn bon partage.

AMEDOR.   (Ayant baisé Clotinde.)

Vous posseder, Clorinde ? ô Dieu ! quel auantage !

CLORINDE.

I'adore l'accident qui nous a suscité
D'vn moment, sans espoir, nôtre felicité ;
Et quoy qu'entre vos bras à present ie me treuue,
Ma creance resiste & doute dans la preuue.

CLARIMAND.

Ah ! ce soûpir, Clytie, est déia pour la nuict.

CLYTIE.

Il t'appelle mon cœur, qui me quitte & vous suit :
Ce mariage heureux ne peut qu'il ne nous rie,
Qui n'est fait que par jeu, que par galanterie.

TAILLEBRAS.

Allons tirer du croc nos casques, nos harnois,
Caualliers, honorons ce iour de cent Tournois.

BEAVROCHER.

La Dupré doit en vain reclamer sa vaillance,
Si, comme de l'épée, il est foible de lance.

TAILLEBRAS.

Ie veux seul contre tous estre le Soûtenant.
Toutefois le Soleil est trop chaud maintenant.

BEAVROCHER.

Il vaut mieux iusqu'au soir remettre la partie,
Et faites cependant vn branle de sortie.

CLARIMAND.

Sans toy nostre plaisir ne sera qu'imparfaict.

BEAVROCHER.

Ie diray la Chanson (Pensez à vôtre faict:)
Ie vay cercher Lyzante; & si Phebus l'enflame,
Ie l'amene au festin faire l'Epythalame.

F I N.

PRIVILEGE DV ROY.

LOVIS PAR LA GRACE DE DIEV, Roy de France Et de Nauarre,
A nos amez & feaux Confeillers les gens tenans nos Cours de Parlemens
Maiftres des Requeftes ordinaires de noftre Hoftel, Baillifs, Senefchaux, Preuofts,
leurs Lieutenans : & à tous autres de nos Iufticiers & Officiers qu'il appartiendra,
Salut. Noftre cher & bien amé TOVSSAINCT QVINET, Marchand Libraire de noftre
bône ville de Paris, nous a faict remôftrer qu'il defireroit faire imprimer vne Comedie intitulée, Le Railleur, de la côpofition Du fieur Mareschal, ce qu'il ne peut faire fâs
auoit fur ce nos lettres, Humblement nous requerant icelles. A ces caufes, defirant
traicter fauorablemét ledit Expofant, nous luy auons permis & permettons par ces
prefentes de faire imprimer, védre & debiter en tous les lieux de noftre obeyffance ledit liure, en telles marges, en tels caracteres, & autant de fois que bon luy femblera,
durant l'efpace de cinq ans entiers & accomplis, à compter du iour qu'il fera acheué d'imprimer pour la premiere fois. Et faifons tres-expreffes deffences à toutes
perfonnes de quelque qualité & condition qu'elles foient, de l'imprimer, faire imprimer, vendre ny debiter durant ledit temps, en aucun lieu de noftre obeyffance,
fans le confentement de l'Expofant, fous pretexte d'augmentation, correction,
changement de titre, fauffes marques, ou autres : en quelque forte & maniere
que ce foit : A peine de trois mil liures d'amende, payables fans deport : & nonobftant oppofitions ou appellations quelconques, par chacun des contreuenans:
applicable vn tiers à Nous, vn tiers, à l'Hoftel-Dieu de noftre bonne ville de Paris:
& l'autre tiers audit Expofant : confifcation des exemplaires contrefaits, & de
tous defpens dommages & interefts. A condition qu'il fera mis deux exemplaires en
blanc dudit liure en noftre Bibliotheque publique, & vn en celle de noftre tres-
cher & feal, le fieur SEGVIER, Cheualier Chancelier de France, auant que de les
expofer en vente, à peine de nullité des prefentes:du contenu defquelles nous vous
mandons que vous faffiez iouïr & vfer plainement & paifiblement ledit Expofant
& tous ceux qui auront droict de luy, fans qu'il leur foit donné aucun trouble ny
empefchement. Voulons auffi qu'en mettant au commencement, ou à la fin dudit
liure vn Extraict des prefentes, elles foient tenuës pour deuëment fignifiées,
& que foy y foit adiouftée, & aux copies collationnées par l'vn de nos amez &
feaux Confeillers & Secretaires ; comme à l'original Mandons au premier noftre Huiffier ou Sergent fur ce requis, de faire pour l'expedition des prefentes,
tous exploits neceffaires, fans demander autre permiffion: CAR tel eft noftre plai-
fir. Nonobftant. Clameur de Haro, Chartres Normande, & autres Lettres à ce con-
traires. DONNÉ à Paris le treiziefme iour de Nouembre, l'an de grace mil fix
cens trente fept. Et de noftre regne le vingt huictiefme Par le Roy en fon Confeil.
DEMOVCEAVX.

Acheué d'imprimer le dernier iour de Nouembre 1637.

Les Exemplaires ont efté fournies, conformément au Priuilege.

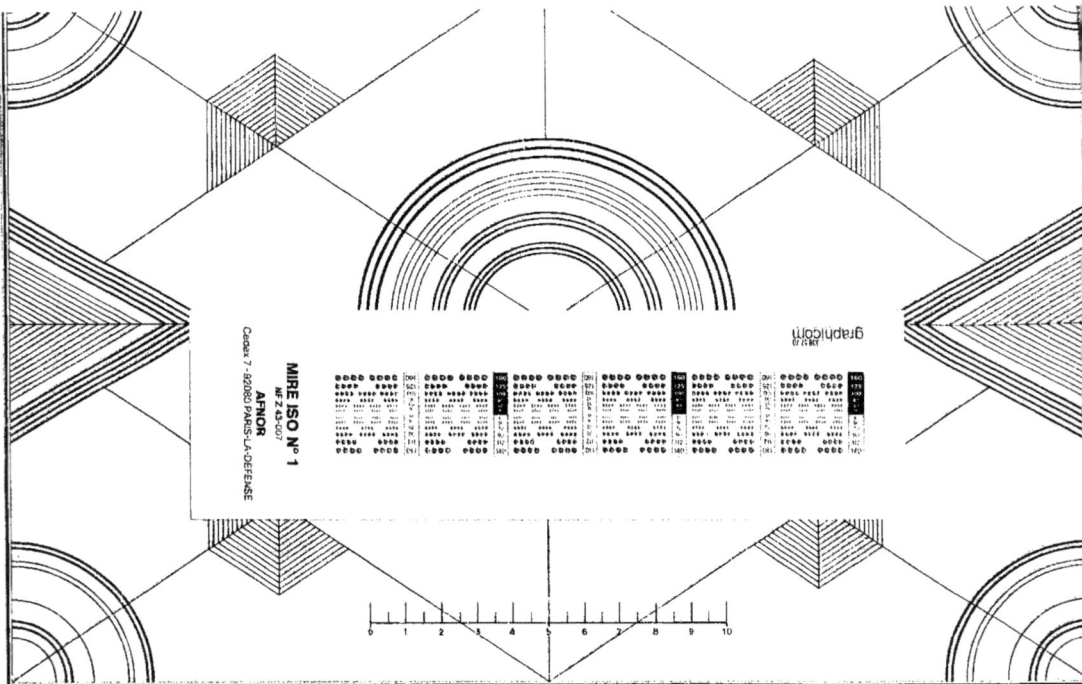

graphicom

MIRE ISO N° 1
NF Z 43-007
AFNOR
Cedex 7 - 92080 PARIS-LA-DEFENSE

SERVICE PHOTOGRAPHIQUE